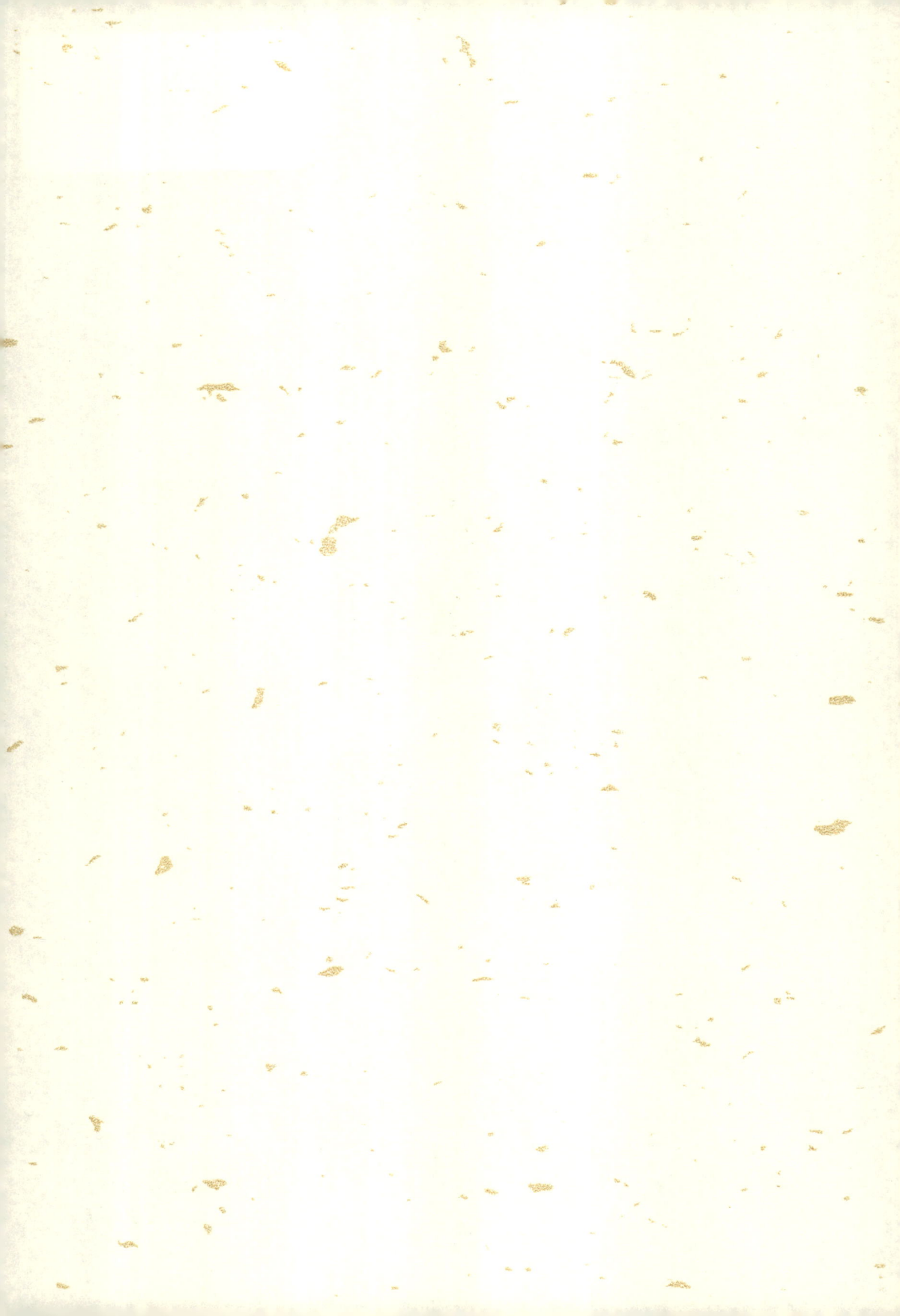

互联网金融

颠覆创新的新金融模式

OLnline
Finance

Innovative new Financial Model

赵春林◎著

中国出版集团

现代出版社

图书在版编目（CIP）数据

互联网金融：颠覆创新的新金融模式 / 赵春林著 . — 北京：现代出版社， 2018.5

ISBN 978 – 7 – 5143 – 6799 – 1

Ⅰ.①互…　Ⅱ.①赵…　Ⅲ.①互联网络 — 应用 — 金融 — 研究　Ⅳ.① F830.49

中国版本图书馆 CIP 数据核字（2018）第 005214 号

互联网金融：颠覆创新的新金融模式

作　　者	赵春林
责任编辑	杨学庆
出版发行	现代出版社
地　　址	北京市安定门外安华里 504 号
邮政编码	100011
电　　话	010 – 64267325　010 – 64245264（兼传真）
网　　址	www.1980xd.com
电子信箱	xiandai@vip.sina.com
印　　刷	廊坊市海涛印刷有限公司
开　　本	710mm×1000mm　1/16
印　　张	15
字　　数	200千字
版　　次	2018年5月第1版　2018年5月第1次印刷
书　　号	ISBN 978-7-5143-6799-1
定　　价	49.80元

序言

颠覆创新的互联网金融

目前，一个新的概念正在不断得到推广，那就是互联网+的概念。

互联网+概念的推动，正是要利用信息技术的发展，借助于互联网虚拟空间来进行，让传统的工业模式进一步转型，变得更智能化、高效化。要做到这一点，意味着我们必将构建出一个巨大的互联网融合体系，只有实现不同产业之间的交互，才能够真正实现智能化生产。

互联网金融的概念就这样悄然诞生了。将互联网概念与金融行业结合在一起，到底是互联网的金融，还是金融业的互联网呢？最开始人们对这个问题一直非常疑惑，很难找到答案。然而互联网金融的脚步并未因此而停顿，我们在实践当中不断探索，即使没有一个明确的答案，也没有放弃尝试，反而有了现在发展蓬勃的互联网金融产业。

作为一个全新的理念，我可以坦诚地说，互联网金融既不是互联网，也不等同于金融，这是一个绝对新鲜的概念，是两个产业的精华融合之后，产生的最符合当前时代的产物。可以说，在互联网金融出现之前，没有人知道它到底是一场传统金融业的颠覆和革命，还是一次金融市场上的完美创新，但在互联网金融逐渐发展成熟之后，我们就发现它既是对传统金融的颠覆，也是基于传统金融和互联网发展基础的一种创新。

为什么说互联网金融是对传统金融的颠覆呢？很简单，因为它打破了传统金融业长期以来的垄断局面，搅动了传统金融业的一池死水，也惊醒了这一群装睡的人。互联网金融的这种突破，本质上是对传统金融业的一种挑战，是对市场的一种争夺。这种竞争，对传统金融来说自然是一种颠覆，而且是一种忧大于喜的颠覆。相信在最开始，大多数传统金融业的从业者都希望互联网金融不要发展太快，不要对产业造成太大冲击，因为这将意味着很多机构不得不迎来痛苦的蜕变，而对多年来放弃了警惕心的传统金融业而言，这实在是太难受了！

　　但是，从长远的角度来看，打破了市场潜规则的互联网金融，反而是传统金融业改革的一个引线。过去，传统金融业因为过于保守的政策，很难在金融市场上完全发挥出自己的水平，不能将资源最大限度地利用起来，而且因为冗余的机构设置，导致他们不能很好地服务于中小企业者或者个人。而互联网金融正是看透了这一点，将这一市场牢牢地掌握在自己的手里，这让传统金融业产生了警醒，也从根本上开始了变化。

　　互联网金融的快速发展，刺激了传统金融业敏感的神经，让这个暮气沉沉的行业重新焕发了生机，由此可见，打击和颠覆也意味着重生，这并不是一个错误的选择。

　　而互联网金融的出现，更是一次势不可挡的金融创新。互联网金融最开始在市场上的定位，就是做传统金融做不到的事情，填补传统金融的市场空白。大量的中小型企业与个人，那些过去因为缺乏渠道而被放弃的民间资本，通通成为互联网金融产业架构当中重要的组成角色。不管是 P2P 网络借贷模式，还是互联网金融的基金投资模式，都是面向这些过去传统金融市场上的空白对象进行的。这是一次令人难以想象的创新，过去几十年间被忽视的广阔市场，传统金融想要服务却没有服务能力的用户和资金，几乎被互联网金融全部收入囊中。而且，互联网金融的出现，也极大地激发了整个市场的积极性。在实体经济不够景气、国内传统的金融体系较为保守、投资环境不佳的情况下，在国家大力发展金融创新、拓宽金融投资融资渠道的情况下，互联网金融的出现，几乎是恰逢其时，是一次恰到好处的创新。

　　它解决了当前市场上的许多问题，带动整个市场向更加积极的方向发展，给中小型投资者带来了新的希望。它在万众瞩目的情况下登场，承担了太多投资者的期待，相信在未来也会有非常好的表现，会在这个舞台上占据更好的位置。

赵春林

2017 年 7 月 1 日

目录

第一章

解读互联网金融

什么是真正的互联网金融

毋庸置疑，中国的私人在线金融机构，如阿里巴巴的余额宝和腾讯的微信钱包，已经撼动了传统的金融市场。在余额宝刚刚推出的短短 7 个月内，就筹集了 2500 亿元人民币，在 6 个工作日内吸引了超过 100 亿元人民币的资金。而经过几年的发展，现在绝大多数的中国一线城市，人们都习惯了使用手机支付，将自己的钱存在互联网金融管理机构上运营。在中国，你甚至不用带着信用卡出门，只要一部手机就可以完成所有操作，唯一需要担心的是手机会不会没电。

这让更多人意识到，互联网金融真正渗透进了我们的生活，它不再仅仅是个遥远的概念，更不是金融从业人员口中难懂拗口的专业名词，而是影响大多数人生活的、近在我们身边的金融模式。

而毫不奇怪的是，在大数据时代，互联网金融将彻底颠覆传统金融机构的市场、利润和生存模式。这种新的金融服务模式将根据互联网技术和移动技术实现资金分配、支付和信息传递，是有别于传统金融服务的一种全新模式。

　　互联网金融，顾名思义，就是将新兴的互联网与通信技术和金融结合起来，实现以互联网为媒介的资本融资或者投资、支付、信贷等活动。将互联网与金融结合在一起，并不简单地等同于互联网加上金融，而是一种深度的融合。这种深度融合体现在各种金融产品上，从日常支付到投资理财，再到企业或个人贷款、融资，等等，通过借助互联网的便利性给人们提供更加便捷的金融服务。可以说，互联网金融的存在让人们可以更加公平地获取金融服务，对于小型或微型企业而言，互联网金融能够提供更全面、完备的资金支持，这不管是从经济还是社会方面，都对一个国家有非常深刻的影响。

　　促进小型企业的发展，为社会提供更多就业岗位，这些都是互联网金融所发挥出的积极影响。在当前的中国，当我们提倡"全民创业，万众创新"来带动经济市场时，互联网金融的重要性就显而易见——它降低了创新创业的门槛和成本。当然，从金融的角度看，它的特点所带来的影响力显然不止于此，互联网金融的蓬勃发展就是一次积极的金融革命，促进了传统金融业的创新，摒弃弊病，有利于构建一个全新的、多元化的健康金融体系。

　　那么，什么才是互联网金融的本质呢？2014年4月9日，时任中国投资有限责任公司副总经理谢平在博鳌论坛上表示："互联网金融的民主和包容本质是现代金融的巨大创新。"是的，更民主、更包容的金融形式，就是互联网金融真正的特点。

　　互联网金融，是将金融运营从线下搬到线上的一种新模式，这不仅仅是线上、线下服务模式的差异，更改变了融资过程。当我们选择传统金融服务时，首先需要去专门的金融机构办理手续，不管是简单的存取款，还是投资、信贷服务，都需要有专人在专门的机构内进行办理，但现在我们可以不出大门，就能用手机或电脑处理完，这就产生了更高的效率；除此之外，在机构内办理业务，中小额度的散户更容易被忽略，因为这样的交易不能给金融机构带来更多收益，所以他们更重视大额用户，但在互联网上则不同，因为省去了场地和人工的服务，统一运营资金，所以小额用户也可以获得同样的服务待遇，这就给我们带来了更多的平等。除此之外，更好的监管和更容易的访问也是网络金融服务吸引公众的原因之一。

曾经很难获得银行贷款的中小企业正转向互联网融资，以获得资金。这是一个例子，说明社会财富如何更好地按照市场规则分配。要知道，如果在传统的金融市场上，中小企业因为运营风险大、实力不足，能提供的资产证明也较少，是很难获得银行贷款的，这就阻碍了中小企业的发展。但在互联网上，融资的门槛更低，大数据给互联网金融提供了一种新的信贷判断模式，对人们的信用判定更加灵活，也能让诚信的商人更容易贷款，获得更多运营资金。这就是互联网市场对资金流动带来的巨大影响。

互联网金融的迅速上升对当前的金融体系构成了严重威胁，迫使其改革。人们不能否认这是一种创新。在美国，许多人将金融创新定义为"利用金融监管的漏洞"，这是一个良性循环，因为这样的过程将催生更广泛的金融产品，以及更好的监管政策。互联网金融的出现也是如此，它本质上是一种积极的创新。

所以公平地说，那些否认网络金融代表了一种创新的人，既不懂金融，也不懂创新。

正因为网络金融服务的包容性更广泛、更平等、更便利，而这些都是传统金融无法提供的，所以互联网金融才会发展得这样快，并且开始提供综合服务。比如余额宝，在互联网金融产品中，它就是集存款、货币和投资特征——流动性和收益于一身的，金融的基本服务已经整合。

那些不看好互联网金融的人，往往是来自该领域的局外人，他们从未尝试过支付宝和余额宝，没感受到来自互联网金融的魅力，所以他们的观点自然没有根据。没有人能否认互联网金融发展的迅猛势头，这是一项需要最大限度容忍的创新，因为它是国家经济的根本动力。

当我们越了解互联网金融，就越明白它有怎样辉煌而不可估量的未来。只要给它足够的时间，互联网金融必将发展成为金融领域的庞然大物——事实上，现在它已经是了。越是如此，在面对互联网金融的挑战时，我们就越困惑：大银行真的不会倒下吗？为了赶上新趋势，他们应该做些什么？中国企业的机遇是什么？他们能在网络金融领域开辟一条新的道路来引领创新吗？这些问题，接下来我们会给大家一一解答。

互联网金融 ≠ 金融 + 互联网

互联网金融在中国的发展异常迅速而蓬勃，引起了全世界的关注。而在业内，关于"互联网金融"这个话题也是争议不断。甚至对许多从业人员而言，到底什么才是互联网金融的真正属性，他们都无法明确去定义。

怎么给互联网金融一个定位？它是互联网产业还是金融产业呢？还是说，这是互联网和金融的简单相加？如果说互联网金融只单纯属于金融产业，可现有的较大的互联网金融产品，如余额宝等，都隶属于互联网性质的公司；但如果说互联网金融只属于互联网，它所经营的范围又是与传统金融领域职能重合的。所以，对于互联网金融到底是什么性质，这样的讨论，基本上从它诞生开始就没有消失过。

我个人认为互联网金融既不完全等同于金融，更不是互联网产品，也决不能看作是互联网与金融的简单相加。这种特定的商业模式，之所以被人称作"互联网金融"，就必然有其特别之处，它应当是融合了互联网与金融的特性后所产生的一种新的产物，既不能完全与互联网和金融两个领域割裂开，也不能当作它们的附属品。我更愿意将其看作是它们的一种升级，是一种可以对这两个领域都产生冲击的创新产物。

正是因为互联网金融的出现，让金融领域产生了巨大的变革，也让互联网人看到了一个全新的发展方向。现如今有大量的互联网和金融产业，实现了跨界合作，而这样的创新也刺激着这两个产业，让两个领域更具活力，不会因为安于现状而变得惰息。

互联网金融能给它们带来这样巨大的冲击，就说明它必然是有新东西的，决不是两个领域职能的简单相加。而且，即便是给这个新产业命名的人，也很难说就真正了解互联网与金融，毕竟互联网是那么瞬息万变，谁如果能把握它的脉络，就算是相当厉害的了，而金融则从理论到实践都无比深奥，谁能做到将两个领域都了解透彻呢？

所以，与其说"互联网金融"的名字是专业人士给它的性质定调，倒不如说是这个产业在诞生时，人们因为不够了解，所以根据它最大的两个特点给了它一个新命名。我们只要以互联网金融的某些产品作为例子来分析一下，就会发现它的很多性质既不单纯属于互联网，也不单纯是金融，所以说才有了"新产物"这个概念。

比如现在的P2P金融，可以说就是一种在互联网时代的金融新产物。如果我们将P2P当作是互联网与金融的简单相加，那么必然的，这一产业就得具备互联网和金融的特点。可事实上却并非如此，它的很多表现都与互联网和金融的传统特点并不一样。

在我们评价互联网的时候，往往会关注"流量"这个指标。不管是什么流量，是独立 IP 的访问量，还是访问者的普遍停留时间，都是关乎一个网站是否受到欢迎、有没有价值的重要指标。流量是互联网的一切，所以不管是产品也好，还是人也好，只要能产生流量，就会成为互联网的核心。但是 P2P 金融网站真的也是以流量来判断一切的吗？并非如此。

在 P2P 金融领域，成交量才是一切，即便流量再多、曝光率再高，如果没有足够的资金成交量、没有交易，就没有任何价值，不过是看着热闹罢了。所以，P2P 的本质除了流量，还有相当明显的金融特点，必须将流量转化率放在第一位。所以，除了 P2P 将金融活动搬到了互联网上，因此需要结合互联网技术来吸引用户，并建立一个全新的在互联网上运营的模式之外，它所借鉴的互联网概念并没有那么多，本质上是区别于传统互联网的。

那么这是不是意味着，P2P 就是金融在互联网上的另一种表现形式呢？事实上，跟传统金融模式比起来，P2P 也是不一样的，从监管运营上就能窥见一二。根据银监会的新条例来看，P2P 金融跟传统金融比起来了受到了很大限制，不仅不能有自己的资金池，也不能提供合法的担保，更不能作为信用依据或者中介存在。也就是说，P2P 平台只是一个资金交流的渠道，平台本身是没有收拢资金、投资利用资金的权利的，更不能担保借款人的信用，等等。人们的资金交流是点对点的，而信用依据则是通过其他第三方征信系统来判断，比如蚂蚁金服的信用分等。这样一看，P2P 金融就不像传统的金融机构了，更像在做一个互联网平台。

站在金融领域看，互联网金融身上有更多的互联网特色；但是站在互联网角度看，它又全然像一个异类。所以说，互联网金融不是这两个产业的简单相加，而是一种深度融合，也是一种独特的创新，千万不要将它的概念与其他产业混在一起。

互联网金融就是互联网金融本身而已。

在互联网金融的概念出现之前，人们很难认为互联网和金融这两个风马牛不相及的产业能有什么相似之处，但简单来讲，其实它们还是有一定共通之处的，这也是互联网和金融领域能深度结合并产生这一创新产物的原因。

首先，互联网和金融的共同点就是瞬息万变。互联网行业是一个新兴的高科技行业，变化是它从诞生到现在最显著的特点，因为互联网接触到的信息太多，所以每分每秒都在不断变化，这也是一种必然。而金融的表现也是很难通过理论去预估的，金融市场的不确定性随时都存在，因为参与的人、资金和产品太多了，所以变化也是无穷无尽的。正因为二者都是求"变"的产业，互联网的即时性与金融的变化多端结合在一起，才能展现出强强联合的效果。

其次，互联网和金融都有大量信息。互联网技术提供了对大量信息的处理能力，而金融市场有大量的信息处理需求，信息让两个产业一拍即合，产生了"互联网金融"这一独特产物，让金融市场一直以来的需求得到了满足。

最后，两个市场都有很强的即时性。互联网也好，金融市场也好，信息都是即时性相当强的，互联网随时随地都在产生信息，每一刻的重点都不同，而金融市场的任何一个小波动都会影响人们的判断，影响资金的流动，所以信息即时性太强，结合在一起也是一种必然。

正因为互联网和金融之间有相似之处，才会产生这个新的产物。也是因为它是一个新产物，所以决不等于互联网和金融的简单相加，这就是互联网金融。

互联网＋时代，金融领域的新表现

伴随着互联网＋时代的到来，新技术的涌现层出不穷，一切与互联网相关的产业，都面临着新的挑战。互联网金融也是如此，在全新的发展环境当中，金融领域也产生了各种新的表现。

这种变化当然是积极的信号，任何一个产业，如果不一心求变、创新，就很容易跟不上时代的发展或产生一定弊病，在互联网的浪潮冲击下，互联网金融能够在新的环境当中有新的表现，正说明这个产业具备着无比旺盛的生命力。

从市场环境上来看，互联网金融目前正面临着前所未有的竞争。在互联网金融出现的开始，感到竞争和威胁的是传统的金融机构，因为它们所面对的长期稳定的市场，正在受到互联网金融的挤压，而令人遗憾的是，在互联网金融所提供的服务优势面前，传统的金融机构几乎一败涂地。

但现阶段，在互联网＋时代，已经不是早期的几家互联网金融机构一枝独秀的状况了，传统的金融机构也开始涉足这个领域，并且试图将被抢走的市场重新夺回去。这让互联网金融领域内的产业日子不太好过，但同样面临着挑战，才能够有积极的变化，曾经的传统金融机构就是这样革新的，所以我们还是乐见于竞争的。

对于传统的金融机构来说，在互联网金融领域发展比其他企业更加容易，因为金融机构本身合理合法的性质和高度重叠的业务市场，让它们能够快速深入地进入这个市场，并且利用线下市场来带动线上，快速搭建一个互联网金融平台。

赵春林访问前中宣部部长朱厚泽先生

未来互联网金融市场将变得更加复杂，但这种竞争是一个积极的信号，任何一个市场都不可能在一潭死水中发展，新事物的出现也必然引起市场的变化，所幸这样的变化，目前来看是非常好的。

当然传统金融机构在涉足互联网金融的过程中，互联网金融企业自身也开始变革，各种新的表现层出不穷。首先，人们开始独立地看待互联网金融，并且将互联网金融与其他的网上服务结合在一起，以给用户提供更好的服务质量和感受。举个简单的例子，网络购物开始变得越来越便捷，而在线下，网络支付也成为人们下意识的第一选择。之所以会出现这种情况，正是因为互联网金融的便捷性越来越高，资金在网络上的交易变得越来越简单、快速，所以这种更好的服务质量才会引来更多的用户。

更有甚者，互联网金融开始结合科技，试图让资金操作变得更加简单。比如从硬件上支持的指纹识别系统，以及各大软件所打造的人脸支付系统，等等，都是在通过科技的加成，让互联网金融变得更加完整，最终自成体系。在这个过程中，互联网金融已经完全成为与传统金融截然不同的一个新生事物，它的自我完善也越来越成功。

同时，因为互联网金融在前期野蛮生长的过程中出现了许多问题，如外部监管不足、内部架构混乱等情况，金融领域也采取了一些针对性的措施进行解决。监管力度的增加，是互联网金融在新阶段的一个首要表现。在完全的互联网平台上，监管力度缺失，一直是人们所诟病的一个问题，只要搭建一个平台，能够吸引来大量流量，就能推动一个互联网项目的实施，而在这个过程当中，难免会有各种意外发生，出现一些监管不到的弊端与问题。如果说这些问题在过去显得并不那么严重，那当它放在互联网金融平台上的时候，最大的问题就难以避免地显露出来了。动辄几千万资金流交易，一旦监管不够，就很容易造成用户的大量损失。所以，互联网金融的项目是否值得信任、项目风险能否降低，成为决定互联网金融平台能否发展的第一因素。在这种情况下，加强外部监管，能够给用户更多安全感，也让互联网金融的信用度变得更高，这显然是一个积极的信号。

当然，互联网金融的风险控制，不仅仅来源于外部监管的加强，在科技介入下的互联网风控系统变得更加完备，这也是当前金融领域的新表现之一。

只要涉及金融，总会难以避免地遇到风险，而其中大量的风险源自人为判断失误和风控能力不强。但在大数据时代，借助强悍的数据分析能力，人工智能可以让互联网金融的风险控制在很低的范围。除此之外，一个互联网金融产品的质量如何，从多个方面进行数据分析，也可以快速得出客观而正确的结果，在过去显然是不能实现的。所以，将金融项目搬上网络，借助互联网金融的手段去操作，给我们带来的好处还有很多，这一点，大多数的金融企业都已经在新的发展阶段中意识到了。

互联网金融在现阶段的发展，基础就是新技术的不断应用，以及互联网金融概念的不断成熟。这两者让互联网金融的优势逐渐体现出来，行业内外都开始意识到它能够解决在传统金融领域无法解决的陈旧问题与矛盾。正因为如此，人们才开始积极地接受并踏入互联网金融这个领域中，也促使互联网金融产生更多的可能性与更好的发展前景。在未来，相信金融领域在结合互联网技术之后，能够有更多令人眼前一亮的表现。

互联网金融促进社会价值流动

自 2013 年以来，我国的经济政策大多围绕着关于如何深化改革，使更多的人能够分享经济增长的成果而进行。

"深化"这个词非常棘手，因为它暗示早期的改革不一定能带来令人满意的结果，所以我们还需要进一步扩大改革。例如，一份最新公布的报告显示，中国最富有的 2% 的人群，所掌握的资源与最贫穷的 60% 的人是一样的，贫富差距问题成为目前最大的难题之一，这就需要深化改革来改善。这也是 2013 年底建立中央全面深化改革领导小组，作为领导重新改革进程的最高框架的重要原因。

现在，政府已经做出了一个政治承诺——深化改革，让更多的中国人能从繁荣的经济中受益，人们不禁要问："政府是认真的，还是只是嘴上说说而已？如何重新获得改革动力，如何运用杠杆呢？"

其实，互联网金融就是一个很好的载体，可以帮助政府深化改革，因为互联网金融能够极大地促进社会价值的公平流动，冲击原有的阶层与体系，给市场带去更多公平与自由。事实上，我国政府在深化改革的过程中，对互联网金融的鼓励与支持，就体现了改革的决心，可以预见，在互联网金融大行其道的现在，人们的社会价值可以达到最大化体现，能够促进市场上资金、技术、劳动力的公平流动。

互联网金融对价值流动的促进，从它出现之始就已经注定了。大多数的互联网金融，最开始都是"草根"的金融工具，是民营企业所创立的，而它们的职能也与传统金融架构有一定冲突，所以不可避免地挑战传统银行业的既得利益。

举个简单的例子，电子商务巨头阿里巴巴旗下的互联网货币基金余额宝，在开放发行的短短 260 天内就积累了 3500 亿元人民币，并迅速拥有了 8100 万用户的庞大客户群。这是什么概念？这意味着一个完全从市场中顺势而生的产物，在不到一年的时间就积累了堪比传统银行的用户与资金。余额宝这里的互联网金融产品，在稳定的前提下提供的收益率比传统银行产品高得多，让传统的垄断性银行受到了震动。

这就是一种对金融业传统的冲击，是对"权威"的挑战，也是对旧有市场蛋糕的一次重新分配。所以，互联网金融从诞生时起，就是

赵春林出席中国互联网金融高峰论坛

与传统金融模式有冲突的，它的性质决定了它是新架构的缔造者、传统金融模式的冲击者，是盘活金融市场，让资金在更广阔范围内流动的一个契机。这就是一种对社会价值流动的促进。

而在金融的其他领域，互联网金融带来的挑战也是巨大的。互联网金融产品，由于门槛低、限制少、资金流动灵活等特点，深受个人用户和小微型企业的喜爱，它们的存在让资金在这些人群当中得到了更好的流转与利用，也让人们享受到了传统银行或者其他传统金融机构不能给予的服务，这就是一种社会价值的快速流动、公平流动。

想促进社会价值的流动，保证资源可以在更加广阔的环境下公平流转，就必须要打破已有的框架，摒弃旧思想，采取新模式。只有不断创新和发展，才能保证市场一直具备活力，才能让个人价值、企业价值充分利用。跟传统的金融企业比起来，互联网金融就像闯入九重天的孙悟空，带着一身格格不入的气息，带着一脑子不符合传统的思维，将这潭池水搅动。

所以，互联网金融的诞生是伴随着传统领域的负面评论的，但随着它的不断发展，它的创新给金融市场带来的积极影响一再显现，金融市场的活力被发掘出来了，传统金融业也开始向这个"齐天大圣"低头，不断适应并主动改进，这就是在积极促进价值流动。

我们可以用余额宝等互联网基金来类比一下，为了理解余额宝的本质，你可以把它放入一个对比的列表中。在组织原则方面，将中国银行、工商银行与草根融资工具余额宝比较，就像比较新华字典和百度百科一样，一个是由业内精英和专家编辑的，另一个是由全国各地的普通人写的。这种差异，就像微博与《人民日报》、爱奇艺和中央电视台。

你会发现，民间的产物总是带着更多的灵活性、更多的参与性，而与国营、大企业相关的产品，则更有信用、更正规。即便是同样的业务，它们也能采取不同的模式运作，这是本质上不同的思维决定的。

所以，即便工行拥有网上银行业务，依旧不能像余额宝那样运作。因为它要保障自己的可信与稳定，就一定要抛弃一定的灵活性与参与度。也因此，互联网金融才有了不可替代的一席之地——人们总需要一些灵活的、能够更深度参与的金融服务。互联网金融提供的这种服务，就是促进市场资金流转的那一个枢纽。

也许，当互联网金融的产业在发展到一定程度后，也会渐渐形成新的行业框架，最终可能会偏离轨道，变得像传统银行业一样中规中矩，但到目前为止，情况并非如此。相反，这些层出不穷的互联网理财产品，引发了银行业的重新配置，给金融业敲响了警钟，也改善了它们自身的经营与管理状况。

传统的金融业正在感受这股热浪，它们在很多方面都在改革，而这种逐渐灵活起来的变化，就来自互联网金融概念的出现。面对互联网金融对市场的积极影响，监管机构当然是乐见的，甚至出台了各种政策保障互联网金融的蓬勃发展，也以此提升公众对政府深化改革承诺的信心。

互联网金融的几大发展趋势

在过去的几年里，中国的支付行业在很大限度上归功于中国经济模式的转型和电子商务的发展。最近，随着互联网和信息技术领域的创新和应用越来越多，互联网、支付和金融的混搭在这种情况下是必不可少的。如此看来，互联网金融会有怎样的发展趋势呢？

公众认为 2013 年是互联网金融的开局之年；到 2014 年，创新市场和改革迅猛发展；到 2015 年，牛市的泡沫逐渐消退，相关政策陆续发布和实施，互联网金融正逐渐从野蛮发展到成熟；现在已经是 2017 年，互联网金融的革命早已开始，实际产品已然落地，完成了从新概念到实践的过程。

与此同时，我们也可以看到一些从资本中发展良好的互联网金融标杆产业。2015 年，蚂蚁金服完成一轮融资，估值超过 450 亿美元；京东金融完成了一轮 10 亿美元的融资，估值 460 亿元人民币。这些融资充分证明，市场对未来的互联网金融发展也有信心，尽管这几年被公开认为是资本的冬季、是金融市场的动荡之年。在行业经历了野蛮、流行、逐渐泡沫、慢慢调整后，我们相信互联网金融公司、互联网金融业务在未来会有新一轮的爆发和增长。

对于互联网金融来说，如果过去是依靠平台来增加用户数量和流量的时代，未来将专注于实现产品的功能，让产品从概念落地。互联网金融通过为广大用户提供优质、高附加值的金融服务，实现了收入和利润的增长，最终将逐步提供高质量和个性化的服务。在这个过程中，互联网金融的某些环节将会脱颖而出，成为领导者。

首先是消费类的金融产品，必然成为未来的关注重点。流量带来的利润正在逐渐消失。未来金融发展需要把握精准的用户平台，可以依靠与用户密切相关的消费平台，来提供高质量的金融服务，成为消费金融发展的基础。良好的消费金融企业通过在相对垂直细分的产业链上的努力，积累了大量的优质客户，持有良好的资产，可以持续不断地兑换现金。

其次，第三方支付产业必然会成为人们不可或缺的支付平台。作为互联网金融的关键和基本支撑，移动支付始终是每个竞争对手的热门市场。通过控制支付形成互联网生态闭环已成为探索用户价值的基础。未来，在移动支付中拥有话语权的企业，将在第三方支付的互联网金融平台建设中，完成自己的战略布局。

要知道，只要是经济活动，我们所做的任何一笔交易都要处理资金的流动，所以，支付显得非常重要。在过去人们采用现金支付，之后信用卡的出现接管了现金支付的市场，让人们意识到交易原来也可以变得更加简单。而如今已经是互联网时代，第三方支付平台告诉我们，手机也可以提供便捷的移动支付，甚至省去了信用卡这一流程。在中国，支付宝和微信钱包等第三方支付软件，就凭借着强大的数据处理能力以及良好的资金保障技术，成为人们首选的第三方支付平台。当然，未来也一定会有更多的金融产品出现，去争夺这个市场，或者通过各种方式与这些第三方支付平台进行合作，这一点是必然的。

保险类产品也会成为互联网金融所关注的产业。随着20世纪80年代或90年代出生的人逐渐积累财富，对安全、资金和保险产品的需求也在增长。随着互联网的发展，他们对互联网金融的风险承受能力和接受度都很高。这些人将成为高附加值的互联网金融用户。对于保险业来说，随着人口老龄化和城市化进程的不断推进，保险产品逐渐从"被动销售"转向"主动需求"，基于自我保险产品的优势，互联网保险将导致黄金时期的发展。保险的自然特征提供了长期、低成本、逐渐灵活的投资等优势，成为互联网金融产品的主力军，具有很强的实践机会。

未来，互联网金融行业的竞争可能会迎来阶段性结果，相信格局更会有一定变化。在过去，我们可以看到，在金融行业里，无数野蛮发展的企业已经从起步转变为有序发展，建立了一个新的互联网金融构架。与此同时，互联网上的大多数企业和传统金融机构进行深度合作，给未来带来了无尽的互动和合作的空间。在互联网和金融的新网络布局基础上，三大互联网巨头 BAT 引领着互联网企业的金融市场。

BAT 有不同的优势：阿里巴巴在电子商务领域的领先地位，从线上到线下积累了大量的用户。腾讯在其两个主要工具 QQ 和微信的基础上，紧密地维护了一个社会区域。基于精确搜索的百度，不断积累大量数据。在互联网金融业务的发展中，三大巨头一直在吸引着公众的关注。百度可能容易被公众忽略，然而，拥有强大技术力量的百度已经悄悄地完成了在互联网金融上的转变，未来也依然地位稳固。

在这种情况下，未来的互联网金融发展很难预测，尤其是当下机会众多，处于变革阶段，不管是大型的互联网金融领头企业，还是小型的金融机构，都会在这个市场上进行一番厮杀。但相信很快，这样的竞争结果就会出现了。

未来，小企业与互联网金融之间会有更加深入的合作。随着经济的逐步发展，许多中小企业将面临现金流不足的问题，这可能会在任何时候导致资本链的断裂，引起山呼海啸一般的问题。对于一些中小企业来说，互联网金融业务作为一项资产保障，虽然面临相对较高的风险，但也同样能够解决现金流不足的问题。

这是因为互联网金融的准入门槛较低，信用体系与风险控制更加灵活科学，所以相对于许多大型金融机构而言，互联网金融更能满足小企业补充现金流的需要。同样，互联网金融在大宗投资上依旧不能取代传统金融机构，所以它们也着重发展小笔资金投资，这一点也符合小企业的定位和需求。

所以，未来会有更多的灵活用户跟互联网金融合作，尤其是资金量较少的用户。这也是可以预见的趋势。

这将导致金融产业与人民生活更加紧密地结合起来，互联网金融产业与其他行业之间的交流也会越来越多，金融活动将无处不在。

第二章

互联网时代，
数据等于一切

依托数据存在的金融市场

互联网金融的迅猛发展开创了一种革命性的融资方式，而不是仅仅诉诸资本市场或传统银行。它预示着一个时代，所有的市场参与者都可以在互联网上直接借贷，几乎没有任何信息障碍。蓬勃发展的互联网金融与所谓大数据的发展密切相关，大数据融合了许多人可以接触到的平台上的各种信息，可以说，互联网金融告诉我们，金融市场本身就是依托数据而存在的，这是一个它带来的全新概念。

在互联网金融工具上，如果要了解一个公司是否拖欠贷款，完全可以更容易地通过查看其过去业绩的数据来分析预估，而不是仅仅在其资产负债表上进行计算。大数据和智能化的云计算，让人们的金融信用可以得到更加确切而精准的预估，并且不必借助人工，只需要有一定的技术与足够的数据即可。

这就导致现在的金融市场几乎是依托数据存在的，在线可用的数据量在当下呈指数增长。当然，这样的数据处理能力也必须以硬件和软件的发展作为前提条件。举个例子，现在的 iPhone 对数据的处理能力，和 NASA 把第一个人送上月球时的数据处理能力是一样的。正是因为有了这些硬件的发展，人们可以立刻对所需的数据进行分析和处理，这才让金融活动有了更广阔的可能性。

金融领域是众多能够从大数据中获益的领域之一，尤其是与风险管理有关的方面，更依赖大数据的支持，因为大数据可以带来更强大的预测模型、减少反应时间和带来更高的效率。此外，大数据还允许金融科技行业确定新兴技术的风险和机遇，以提供高效、可持续的金融服务。

那么，大数据对金融领域的风险管理有什么特别的帮助呢？

首先，它允许创建更强大的风险预测模型。除了访问数据并几乎实时地分析数据，它还能提供更快的响应时间，这有助于防止出现问题，或者在已经发生的情况下将损害程度降到最低。

大数据还允许通过提供全球视野和更广泛的事件背景来进行更广泛的风险覆盖。大数据的另一个附加值是风险管理带来的成本节约：更自动化的流程，更精确的预测系统，以及更少的失败风险。

从大数据的特点来分析，它有三个特点：数据处理量、数据处理速度和数据的多样性，即能够编译结构化（如数据库）和非结构化数据（社交网络、设备配置等）的数据。在金融领域，还有两个因素：数据的价值和真实性。在金融领域，我们更加重视后两个因素，只有真实而且有一定参考价值的数据，才是真正可以被利用起来的大数据。好在，有许多不同的领域，大数据都可以为财务风险管理增加价值，尽管在每个案例中，它的作用略有不同。

首先，大数据可以帮助金融机构进行业务管理，比如防欺诈管理或者信贷分析等。传统上，防欺诈管理是手动跟踪的。然而，骗子们正在使用越来越多样化和复杂的技术。大数据允许从所有可以想象的来源提取数据，提供了一个全面的数据近似值，它允许早期的欺诈检测，并将可能的损害保持在最低限度。而在信贷分析上，大数据提供了更大的预测能力，因为新的数据来源（社会媒体、营销数据库等）能够更好地预测用户行为，能提前预测出问题并及时发现问题。

除此之外，大数据还允许更好的商业和市场模拟和预测，比如利率、汇率、流动性和原材料价格。这样在分析市场、决定是否发放商业贷款的时候，会有更加客观而且贴近真实的结果，而不会受个人认知的影响，导致出现判断错误。

大数据可以很好地降低金融产业的操作风险。因为大数据的潜在力量在于它能够将多种平台集成到一个单独的解决方案中，这可以提供更多关于客户端交互的控制和信息，同时提高安全性和机密性。根据经济学人智库的一项调查，使用大数据工具的企业和实体报告称，31％的调查参与者表示，大数据最成功的风险管理活动是预防信用卡欺诈。另外两项显示，最大收益的活动是对信贷偿还风险的评估，或者是对违约的预防，这占据了 26％，以及占据 24％编制和分析流动性需求的能力。其他一些不太为人所提及但也有积极效益的大数据包括监管合规报告（9％）和市场趋势预测（7％）。

你会发现，在金融行业中大数据的应用的确是非常广泛的。所以我们完全可以认为，在互联网金融时代，大数据的存在已经成为金融行业管理运营过程中不可缺少的支柱之一。尤其是在应对风险和打造灵活的支付系统上，大数据平台能够提供的帮助远比一些勤奋又有天赋的金融经理强得多，这就是科技的魅力所在。正因为大数据技术给互联网金融带来的好处已经超过了传统意义上的认知，所以它才有现

赵春林出席其策划的耒阳百岁城签约仪式

在的地位。

在金融科技行业，大数据应用有巨大的潜力，因为它与风险检测新技术和支付系统的不断变化有关。这些新系统的成长伴随着风险的增加，但由于网络上数据的可用性，它们现在更容易预测出我们需要的信息。所以，未来的金融产业将成为数据的世界，这是毋庸置疑的。

大数据时代，找到金融领域的新风口

大量的数据和日益增加的技术复杂性继续改变着行业的运作和竞争。在过去的两年里，世界上90%的数据都是在每天创造2.5万亿字节的数据基础上创造出来的，通常被称为"大数据"。这种快速增长和存储创造了收集、处理和分析结构化和非结构化数据的机会。

在金融领域，我们已经习惯了在大数据出现之后，使用数据和分析来获得有价值的信息，以提供更好的商业决策。在大数据时代，金融领域正在不断变化、适应以寻找行业的新风口，这一颠覆性新技术的出现不仅让互联网金融变得炙手可热，也给金融业带来翻天覆地的变化。

采用大数据的行业有很多，包括金融服务、技术、市场营销和医疗保健等。大数据的采用继续重新定义了行业的竞争格局。据估计，89%的企业相信，如果没有分析策略，就会有失去市场竞争优势的风险。

特别是金融服务业，已经广泛采用大数据分析，以一致的回报提供更好的投资决策。与大数据相结合，算法交易使用大量历史数据和复杂的数学模型来使投资组合收益最大化。继续采用大数据将不可避免地改变金融服务业的格局。

如果说上面这个大数据的特点，改变了金融服务业的许多传统，那么大数据的实时性则让互联网金融变得更加富有前景，这就是数据带来的新风口。

为什么会如此呢？我们先来看看大数据的基础——数据体积、数据种类和数据速度。面对日益激烈的竞争、监管约束和客户需求，金融机构需要寻求新的方法来利用技术提高效率。根据行业的不同，公司可以利用大数据的某些方面来获得竞争优势。

这其中，数据体积是大数据的基础，越大体积的数据，就意味着越大的数据覆盖面积、越活跃的用户活动，这样获取到的数据可以提供更好的参考价值。而数据种类则决定了它有没有价值，能否为金融机构所利用。最后是数据速度，这是数据必须存储和分析的速度。纽约证券交易所每天收集 1tb 的信息，而 2016 年就有 189 亿网络连接，平均地球上的每个人都能获得两个网络连接。这样庞大的数据量，没有数据处理速度是无法应对的。

有了这三个基础，大数据才能发挥作用，金融机构可以通过专注于高效快速的处理交易来区别于竞争对手。而能够将这个优势发挥到极致的金融机构，莫过于互联网金融了。互联网平台天生具备大量活跃用户，数据体积和数据种类都是最全面的，只要技术提高、保障数据处理的速度，互联网金融就能比其他传统门户获得更多信息，处理好关于用户市场的内容，或者去做更合理的预测。

有了这个优势，互联网金融就成了金融行业的新风口。

大数据为每个行业提供了无限的机会，但有三个最有效地展示了其在当前市场的潜力：与客户快速联系以验证可疑活动，这几乎可以实时完成；利用预测模型来检测欺诈交易，这些交易每天都在变得更加精练和有效；以及对所有事务的支付行为跟踪，提供更大的可跟踪性和更多样化的数据源。

对于金融部门来说，市场正变得越来越相互关联，从而增加了风险。然而，考虑到现有的分析数据也呈指数级增长，大数据提供了关于这个行业及其趋势的更全面、更详细的信息。

大数据最常见的应用是用于避免欺诈的预测模型，以及用于信用风险管理的用户行为的跟踪和分析。在这个行业中还有其他领域，大数据应用有很大的潜力，但它们仍然处于开发和实现的初始阶段。

不过，新风口也预示着即将迎来新风险，尽管金融服务行业越来越多地接受大数据，但这一领域仍存在重大挑战。最重要的是，在互联网上，各种非结构化数据的集合支持对隐私的关注，信息安全问题成为互联网金融的一个重要关注领域。当你的个人信息可以通过社交媒体、电子邮件和健康记录来收集，当互联网金融产品可以通过分析关于你的所有数据来对你的资产进行风险预估时，虽然我们获得了更好、更加符合实际的服务，但也意味着我们的隐私难以获得保障。

在金融服务领域，大多数的隐忧都来自数据分析。为了获得准确的结果，大量的数据需要更复杂的统计技术。特别的是，批评家们将信号虚假的相关性的模式作为依据，认为其仅仅是偶然地代表了统计上的稳健结果。同样地，基于经济理论的算法通常指的是由于历史数据趋势而带来的长期投资机会。在预测模型中，有效地产生支持短期投资策略的结果是难以避免的挑战。

大数据继续改变各行各业的面貌，尤其是金融服务业。许多金融机构正在采用大数据分析，以保持竞争优势。通过结构和非结构化数据，复杂算法可以使用多个数据源执行交易。通过自动化，人类的情感和偏见可以最小化。然而，与大数据分析的交易有其自身的具体的挑战，目前为止所产生的统计结果尚未完全被该领域的相对所接受。然而，随着金融服务趋向于大数据和自动化，统计技术的复杂性会保障数据结果的准确。

所以，大数据在未来的技术难关是不需要担忧的，它对金融领域的影响也无须小看，新的变动必将来自这些新技术的影响。

结合云计算的大数据技术，打造新"金融云"

提到大数据，就不能不想到云计算。本身来讲，大数据可以被归类为非结构化或结构化数据。非结构化数据是无组织的信息，不属于预先确定的模型。这包括从社交媒体来源收集的数据，这些数据帮助机构收集客户需求的信息。结构化数据由关系数据库和电子表格中的组织管理的信息组成。因此，必须积极地管理各种形式的数据，以进行更好的决策。

而这些，就意味着可以将数据通过云计算进行处理，在一定的算法模型下，打造有序而庞大的"金融云"。在这之前，我们得先了解一下云计算概念本身有怎样的内涵。

"云计算"概念被正式提出是在 2006 年，一向走在世界前沿的谷歌集团首席执行官埃里克·施密特提出了这个新的、震惊全球的概念，那就是大数据时代才能发展的"云计算"。谷歌作为搜索引擎平台，本身就维持着巨量的信息交互，这个平台自出现以来，就带有云计算的内涵和精华，所以再衍生出云计算服务也就不难想象了。用户能够通过谷歌提供的服务平台，存储和交互大量的信息，并在平台上进行计算处理，这就是当时谷歌的简易云。

2007 年，在谷歌和 IBM 的联合推进下，云计算计划在美国正式推进，从各大高校不断向外延伸；2008 年，微软通过利用自己巨大的用户群体信息，将世界上第一个真正的云计算平台推入市场，云计算的大门就这样被打开了。

经过这样长久的发展，"云"的概念已经十分清晰——这是一个隐藏起来的、呈现网状分布的远程计算机，是特定活动的服务器。之所以说是"特定活动"，是指这些服务器的服务内容是根据我们的不同需求而定的，通过大量的数据运算，我们可以得到一个在过去完全不能知道的信息。

"云"的大小，则基于用户群体的大小而定。用户群体越大，许多计算结果就越贴近事实、提供的资源也就越丰富。举个简单的例子，"百度云"就是百度针对搜索和资源共享而推出的云计算平台，在这个平台上，只要有人曾上传过的资料，我们再次上传时就可以花费更短的时间，因为云计算服务器在瞬间搜索到了他人上传过的同样资料，直接将它替换到了我们的云服务账户上。所以，百度云的资源上传、下载变得很简单，再难寻找的内容，只要有别人共享就可以得到。而用户们不断地分享资源，也让百度得到了信息交流的数据，能够据此进行优化，让服务更加人性化。

简单地说，云计算就是以按需付费的方式在互联网上提供按需计算的资源。大多数公司仍然拥有它们的软件和硬件，并把它们放在数据中心和其他专门设施的"前提"上。相比之下，在云计算中，这些资源只是"在云中"。

而跟金融服务有关的数据，就可以储存在这样一个"金融云"上，进行针对性的处理分析，给用户提供服务。这样的市场数据有很多，对传统的金融机构而言，绝对是个巨大的挑战。除了大量的历史数据，银行和资本市场还需要积极管理股票数据。同样，投资银行和资产管

赵春林出席毛泽东思想指导社会实践论坛

理公司使用大量的数据来做出合理的投资决策。保险公司可以访问过去的政策和索赔信息，用于积极的风险管理。

　　而维持一个金融云，并不会给金融机构带来很大的经营压力。微软称，平均而言，公司IT预算中只有11%用于开发新应用，其余的用于维护和基础设施。通过移动到云，这种维护和基础设施的成本可以显著降低，因为云技术标准化和IT资源的丰富，而且自动化了许多今天手工完成的维护任务。云架构促进了弹性消费、自助服务和按需付费的定价。从服务器到云计算的转变不仅会降低成本，而且会更快、更简单、更灵活、更有效。

　　将金融与云计算结合在一起，对互联网金融产业而言又是一个巨大的优势，因为互联网金融的市场从诞生开始，就是基于数据的，这让互联网金融天生具备数据运营的思维模式。

　　根据不同的机构需求，金融领域有以下四个模型的云计算可以利用，每个部署模型都具有各自的特性，以特定的方式支持云服务和用户需求。

首先是私有云。在私有云中，云计算的数据和服务都由某个金融机构或者个人使用，信息是不共享的，这就保障了金融信息的安全性。它是远程定位的，即云是外部托管的，并不是与他人共享的。

然后是社区云。它是私有云的混合形式，专门针对有类似云需求的目标群体，比如有同样投资目标的用户。这让数据管理的成本得到降低，而且具备一定的针对性。使用社区云参与组织实现了公共云的好处，它增加了隐私、安全性以及与私有云相关的策略遵从性。

除此之外，就是公共云。在公共云中，整个计算基础设施位于云计算公司的前提下，为客户提供快速的可负担的计算资源。最终客户是云的参与者，没有所有权，因此没有对基础设施的控制权。终端用户不需要购买硬件、软件或支持基础设施，这是由供应商拥有和管理的，导致高成本的储蓄和性能，但也最容易受到网络攻击。在金融机构中，用户的大量信息都可以放在公共云里，经过有针对性的处理和筛选后再选择分类，确保安全，这样就可以确保较低的运营成本。

这就组成了混合云。混合云是两个或多个云（私有、社区或公共）的组合，它们仍然是唯一的实体，但它们结合在一起提供了多个云模型的优点。通过将信息传到混合云上，业务的每个方面都在成本和安全性方面处于可能的最有效的环境中。缺点是需要跟踪多个云安全平台，并确保不同云模型之间的业务彼此通信。

在过去三四年里，互联网金融的技术创新一直在促进传统贸易融资工具的发展。与此同时，围绕供应链融资的新产品或新流程，主要是由挑战银行在贸易融资领域主导地位的非银行实体发起的，这也是互联网金融概念爆发后最常见的场景。

互联网金融让许多非银行实体也能提供贸易融资，正是因为降低了贸易融资、资金交换的成本。按需访问 IT 服务可以显著减少 IT

开销，而云计算是一种交付模型，它支持 IT 服务的基于容量的杠杆。所以，云使金融机构能够建立强大的贸易融资架构，以最大限度提高盈利能力。

相信在未来，金融云的作用会变得更加强大，让互联网金融进一步深度发展。

数据分析技术，解决传统的金融问题

就在 10 年前，金融还是一个小数据学科。小数据的原因部分是由于缺乏数据。对大多数投资者来说，交易所每天只提供 4 个股票的价格：开放、高、低、接近，所有这些都是第二天（在 T+1 基础上）报告的。即使是最大的市场制造商也没有在监管机构规定的范围内存储数据。举例来说，大宗商品交易大厅在大约 5 年前，只展示最多 21 天的历史。金融学博士课程几乎专门教授对收盘价的分析，只在通过时提到盘中的变化。

如今，实时流媒体数据随处可见。数据的激增正在极大地改变金融公司的商业模式，无论是在市场上，还是进行长期的投资组合管理。即使是长期投资的投资组合经理，也会在他们的投资组合选择模型中加入数据驱动信号的内容，可以通过数据分析让模型更加全面、客观。另外，如果投资组合经理不进行数据分析，就容易忽视大量可用数据，给他们的投资组合增加相当大的风险。

然而，仅仅获取数据并不能保证成功。一个人如何处理这些信息才是最重要的。答案往往在于多年来在数学和计算机科学领域为其他目的而开发的研究。虽然在科学的其他领域已经开发了许多这样的技术，在金融应用方面的实践却相当缓慢。

好在，并不是所有的大数据模型都需要在内部开发，而且在过去的几年里，越来越多的大型数据金融应用程序的供应商数量一直在稳步增长。有了外部大数据，就有了数据策略、利用数据的风险，以及减轻风险的策略。

金融不再是一个小的数据学科。在今天的金融市场中，处理信息的能力已经能决定谁是赢家和输家了。了解最新的大数据金融工具和技术对于每一个谨慎的金融服务专业人士来说都是必要的。

在合理的时间内处理大量的信息是个不平凡的任务，尤其是在数据量大且烦琐的金融领域。财务数据处理技术的设计与优化，一直是许多互联网金融产业关注的核心。数据处理和分析能力的高低，对互联网金融的影响力比传统金融还要大得多，直接决定了互联网金融产业能否在激烈的市场竞争中杀出一条生路。

但一旦做好这些，就能获得巨大利益。可以说，数据分析做到位，我们就能解决传统金融解决不了的问题，为用户解决长期以来困扰自身的"痛点"，这也是互联网金融为什么能威胁到传统金融业的原因。

首先，提高数据的分析能力，保障大数据的处理速度，可以让互联网金融比传统金融的效率快得多。现如今金融市场的数据量，让人们不得不选择"算法交易"，而不再像过去一样拘泥于人工。由于计算能力的提高，算法交易已经成为大数据的代名词，是大数据的信息处理与分析方式。自动化的过程使计算机程序能够以人类交易员做不到的速度和频率执行金融交易，在数学模型中，算法交易以最好的价格和及时的贸易安排提供交易，并减少由于行为因素造成的人为错误。更快的速度、更准确的服务就是大数据分析给我们带来的好处。

其次，数据分析可以保障决策的精准，从而避免出现金融风险。

有投资就一定会有风险，如何进行风险评估是一个金融机构运营的核心，做得好就能让业绩蒸蒸日上，做不好风险评估则可能直接死亡。现在，金融机构可以更有效地利用大量数据，尤其是分析历史数据来支持自己的投资策略，从而减少投资风险。

同时，数据分析还可以帮助我们整合结构化或者非结构化的数据，后者在过去一直是个困扰人们的难题。算法可以通过结构化和非结构化数据创建，将实时新闻、社交媒体和股票数据整合在一个算法引擎中可以产生更好的交易决策。不同于决策制订，它可能受到不同来源的信息、人类情感和偏见的影响，算法交易仅在金融模型和数据上执行。

其中，我们生活中产生的大量数据都是非结构化的，它们因为来源混杂、内容没有明确特性，所以很难整合并分析出结果。直到最近，想要研究大量数据的金融机构，需要投入大量的时间和资源来组织结构化数据，这些数据可能分散在多个部门和数据仓库中，并被索引、搜索和分析。

能够对杂乱的信息进行分析处理，全都有赖于技术的进步——包括处理能力、数据仓库存储和软件——现在能够快速组织结构化数据，并开始允许大量非结构化数据（包括以前不可用的来源，如博客和社交媒体）被编入索引，并在更短的时间内进行搜索。

此外，复杂的分析软件工具的出现使组织能够更容易、更快地分析海量大数据存储，在此过程中使用更少的资源。所以，正是这些技术的出现，让我们可以将更多、更繁杂的数据利用起来，并从中分析出想要的内容，让数据具备价值。

这些都是过去在传统金融领域解决不了、做不到的事。互联网金融技术的不断发展，让一些过去被浪费的资源进入人们眼中，人们终于意识到，现在的金融市场已经是数据时代了。

移动互联加速金融市场数据化

随着互联网的发展，人们意识到数据对社会的重要性，移动互联网的迅速普及和发展证明了这一点。在移动互联时代，工作、生活和交流不再局限于一个地方，而可以在任何地方、任何时间进行。只能离线完成的活动，如生活费用、购物支付等，也可以在互联网上实现。这导致了一个小时有数十亿的数据被生产出来，即使在信息产业，硬件的变化和发展也非常快，也仍然难以满足数据增长的需求，这个差距越来越明显。

所有这些都告诉我们，当今社会数据的爆炸性增长速度极快，是技术发展速度所不能及的，因此大数据的前景比任何其他技术都要广泛。

很少有人统计我们生活中有多少数据。在过去的每一分钟，没错，只是一分钟，微博平台编译后可发送成千上万的新微博，微信的朋友圈可以刷新几千万的信息，淘宝也可以很容易地达到成千上万的搜索量。搜索引擎和用户可以产生大量查询搜索结果，这些都有可能成为有效数据。

这就是大数据的魅力所在。在技术尚未开发的情况下，我们可以完成"产生数据"的这些行为，但我们不能从成百上千、成千上万甚至几千万的数据中分析得出有用的信息，现在这很容易做到。

所以，金融市场的数据化只是时间问题，过去没有将金融与数据紧密结合，并不是因为我们的金融贸易不产生数据，而是对数据的管理和分析技术不到位，所以我们没法分析和利用这些有价值的数据。但是现在，随着技术的不断发展，我们已经可以很好地做到这一点了，金融市场必然会变成一个依托于数据存在的市场。

而移动互联的出现则加速了这一点。确切来说，移动互联的出现让大数据变得更加重要，也让数据群变得更加庞大了，而这确保了金融市场对数据的依赖性。

在美国历史学家迈克尔·塞勒的书中，他这样写道："在未来的10年之内，移动技术的发展结合社交网络，将能让全球的GDP提升近一半。"移动技术正在改变我们的社会发展与个人的生活方式，它的影响力正肉眼可见地与日俱增，很快就会席卷整个经济市场。在这个移动技术快速发展的时候，如果你不能尽早乘上这辆堪比高铁一样快速的变革列车，就一定会被日新月异的社会所抛弃。

移动技术的发展对生活的影响是以点带面的，可能只是一个微小的技术革新，但在应用过程中，会影响许多重要的行业和生活中重要的领域，最终引发社会的巨大变革——而在这之前，你可能无法意识到这只是来源于一种技术的发展。

移动互联为什么能够加速数据的产生，并且加强金融市场对数据的依赖呢？首先，移动互联让网络发展进入"泛在化"状态，不再是局限于某个区域，而是广泛地存在于我们的生活中，扩大其覆盖面。这是移动互联的需求。正因为移动技术不断发展，我们对移动网络的需求就越来越大，所以单一覆盖某个区域或者连线定点接入的网络就不再能满足大多数人的需求了，我们想走在路上、坐在街边、停在快餐店里……都能接入网络当中，所以泛在化的网络在移动互联时代是必需的。

当网络泛在化，我们就可以随时随地遨游于互联网之中，而用户的活动则在不断产生数据，因此就进入了一个移动互联时代的数据爆发状态。这就保证了数据的加速产生，让我们无时无刻不在用数据反映自己的生活。而这些数据被记录到互联网金融云当中，并在计算后给我们符合自己生活需求的服务。

泛在化的网络是云服务和移动互联快速发展的基础，没有这个基石就相当于修筑了空中楼阁，不能真正发挥出它们的效用。正是泛在化的网络推动了移动互联和云服务的发展，让移动互联真正实现"随处移动"，同时任何一个地方都可以提供出色的云服务。

这种泛在化的网络不是单纯的移动网络，它是移动网络与固定宽带结合在一起的产物。相比之下，固定宽带的信息传输速度还是移动网络无法达到的，所以泛在化网络作为结合产品，能够汲取两者的优点，既能够实现全面覆盖，又能够体现其出众的信息传送和处理能力。

移动网络的发展，体现出的另一个特色就是速度快，高速化的移动网络是目前的发展趋势。人们使用移动网络传输信息，对信息的传输量和速度是有很高要求的，如果不能达到这一点，就无法随时快速更新信息，云服务也就不能做到即时性。所以，我们一定要保证信息的传送是高速的，新型网络不管怎么发展，速度永远是不会过时的追求。

而大数据的一个重要特点，就是要保障数据的速度。只有最及时、最快收集到的数据，才能最好地反映当前的市场状态。所以，移动网络让数据更新迭代变得更快了，也就让金融信息的发布变得更加及时精准。

移动互联和大数据的发展是无法分割来看的，它们之间实现了非常紧密的联系。只有移动互联和大数据的技术、覆盖率等都得到提升，我们才能深化互联网金融的改革，让金融市场有更加巨大的变化。

第三章

全新的信用模式
体系

投资有风险，信用是根本

在金融系统中，任何一种投资都具备风险性，区别只在于风险的大小。如果说市场带来的风险是不可控的，那么被投资者的信用高低造成的风险就是可控的。金融机构更愿意投资给信用度高的对象，就是因为这在一定程度上降低了主观的风险，避免对方因各种原因违约，导致资金无法收回。

赵春林当选《聚集中国人》封面人物

所以，建立一个可靠的信用评价模式，对金融活动来说至关重要。可以说，信用是这个行业资金流转的根本。

什么是信用？信用可以具象化吗？在金融行业中，信用是可以用指标来判断的，我们称之为"信贷"，即基于信用的贷款行为。信贷是一种契约协议，借方借用某种有价值的东西，并同意在将来某个日期偿还，当然偿还的通常是利息，这就是一种基于信用的契约协议。信贷也指一种会计记录，它要么减少公司资产，要么增加公司资产负债表上的负债和权益。此外，在公司的损益表上，借方可以减少净收入，而贷方则增加净收入。

信用也指个人或公司的信用或信用记录。例如，有人可能会说："他有很高的信用度，所以他不担心银行拒绝他的抵押贷款申请。"在其他情况下，信贷是指扣除一笔欠款。例如，假设有人欠他的信用卡公司1000元，但他向商店退回了价值300元的商品，则他在他的账户里收到一笔只有700元的欠款。

由此可见，在相当多的领域里，金融活动都离不开信用判断。一个人能够借贷多少额度的资金，与他的信用价值是成正比的。越是如此，就越是突出经济市场上信用的重要性。

而信用的呈现形式还有很多。当银行向客户提供汽车贷款、抵押贷款、签名贷款和信贷额度时，这些都是信贷的形式。本质上，银行把钱贷给了借款人，借款人必须在未来的日期偿还。例如，当有人用他的VISA卡在本地购物中心购买商品时，他的支付被认为是一种信贷活动，因为他在购买商品时不需要付款，但他需要在日后的固定期限内付款。

这就涉及银行信贷了。银行信贷是指从银行机构获得的个人或企业的信贷总额，这是金融机构向个人或企业提供的资金总额。一个企业或个人的银行信贷取决于借款人的偿还能力和银行机构的贷款总额。

在过去的50年里，由于客户已经习惯了拥有多张信用卡，个人的银行信贷增长了很多。一些专家曾预测，2008年的金融危机是一个危险信号，意味着信贷紧缩，尽管贷款利率依旧不高，但人们将很难获得银行贷款，尤其是对信用记录不良的人来说。这就是由于金融危机导致的信用下降，使得银行在分配资金时更加谨慎。

银行信贷是银行和借款人之间的一项协议，银行信任借款人在日后偿还贷款及贷款的利息，这就是彼此之间信用的一种体现。

贷款并不是信贷的唯一形式。当供应商向个人提供产品或服务时，也许使用者暂时不需要付款，直到晚些时候再付款，这也是信用的体现。例如，如果一个餐馆从供应商那里收到一卡车的食物，但是供应商暂时不需要餐馆支付，直到一个月后，供应商再从餐馆收取资金，这就是一种交易里的信用形式。

在金融市场里，最常见的信用模式就是以"信用额度"的形式来判断一个人的信用价值。如果你的经济行为令人放心，就会有较高的信用额度。

信用额度是指金融机构通过信贷活动向客户提供的最高信用额度，以及信用卡公司允许借款人在一张信用卡上消费的最高额度。贷方通常根据申请信用卡的人的信息来设定信用额度。

为了确定信贷限额，银行、另类贷款机构和信用卡公司会查看与借款人有关的几条信息。他们检查借款人的信用等级、个人收入、贷款偿还历史以及其他因素。如果信用额度是由抵押品担保的，贷方就会考虑抵押品的价值。例如，如果有人拿出房屋净值信用额度，信用额度因借款人的房屋净值而变化。所以，信用额度的判断往往基于这些信息，这就是最传统的信用价值判断模式。这一点需要额外注意，因为在互联网金融体系下，在这个新的模式下，信用价值的判断早就脱离了原本的限制，人们可以借助互联网大数据，更快速全面地对一个人的信用价值进行分析。

通过对信用价值的深入介绍和分析，人们会发现，信用才是决定金融市场上资金流动的根本。就像我们说的，银行等金融机构就是通过一定的信用判断，来给人们的信用分出等级，从而决定给不同的人或者企业分配多少贷款资金。这就是为什么在金融市场上"穷人愈穷"，因为一个经济实力不强、无法展示还款能力的个人或者企业，是很难获得银行信任的。金融机构不会因为你的项目有多么需要资金而给你投资，也不会只看到项目的前景，他们更重视的是借款人或者企业本身有没有还款能力、能不能按照约定还款。

所以，一个信用额度高的人，本身就更值得银行青睐，他的违约成本也更高，因此他们会更快速地积累到需要的资金。因为金融机构评判信用的方式比较复杂，能够获取信息的渠道较少，所以在传统的金融领域，贷款是一件很难的事情，除非有足够的资产抵押或者拿出丰富的还款能力来做证，否则很难获得银行的信赖。

但是伴随着互联网的逐渐发展，互联网金融的独特优势就得到了体现——它的信用价值判断独树一帜。通过互联网金融的信用价值判断体系，你可以更轻松地获得额度较小的贷款，这对中小企业和个人而言无疑是一件好事。所以，可以说互联网金融将信用判断利用到了极致，颠覆了传统的信用模式体系。这一点，我们会在之后详细介绍。

FICO，最经典的信用评分模式

信用评分是评估客户信誉的统计数字，是基于信用记录的。贷方使用信用评分来评估一个人偿还他的债务的概率。一个人的信用评分范围从 300 到 850 不等，得分越高，人们认为一个人的财务状况越好。

这就是 FICO 模式，是传统金融领域最经典的信用评分模式。在了解互联网环境下新的信用评分架构前，我们需要对传统的信用评分模式有一定了解，毕竟它也展现了金融活动中信用判断的基础。即便是现在互联网金融上新的信用评价模式，也是基于这个经典改进、创造出来的。

赵春林创立青岛恒星决策学院

FICO 是金融机构使用的标准信用评分模型。虽然还有其他的信用评分系统，但 FICO 评分是目前最常用的。这种信用评分在贷方决定提供贷款时起着关键作用。例如，信用评分低于 640 的人通常被认为是次级借款人。贷款机构通常以高于常规抵押贷款的利率对次级抵押贷款收取利息，以补偿自己承担的风险。他们可能还需要更短的还款期限，或者是与信用评分较高的借款人作为共同签署人。相反，信用评分在700 或以上通常被认为是好的，可能会导致借款人获得较低的利率，从而导致他们在贷款期限内支付的利息更少。

一个人的信用评分也可以影响他获得房产、公共服务或创业所申请的贷款的多少。在国外，甚至租一套公寓人们都要先看一下对方的信用评分。贷方经常审查借款人的分数，尤其是在决定是否要改变信用卡的利率或信用额度的时候。

在 FICO 框架下，到底是什么决定了一个人的信用评分高低呢？

通过美国的三大信用报告机构——Experian、Transunion 和 Equifax，我们可以看出 FICO 决定信用评分的几个要素。这些信用机构专门更新和存储客户的信用记录，在计算信用评分时评估的主要因素有 5 个，分别是付款历史、应还总额、信用记录、不同类型的信贷、新的信贷情况。

其中支付历史记录了 35% 的信用评分，并显示了一个人是否按时履行了他的还款义务。欠款总额占 30%，并考虑到目前正在使用的一个人的可用信贷的百分比，这被称为"信用利用率"。而信用记录的长度为 15%，更长的信用记录被认为风险较小，因为有更多的数据来决定支付历史。不同类型的信贷使用占据 10% 的信用评分，如果一个人有分期付款的组合，比如汽车贷款或抵押贷款，以及循环信贷，比如信用卡，就可以提高信用额度。新信用也占 10%，它影响了一个人有多少个新账户，他最近申请了多少个新账户，这影响了信用调查的结果。

在传统的 FICO 模式下，当信息在借款人的信用报告中更新时，他的信用评分会随着新信息的变化而上升或下降。所以，我们可以通过一些方式来提高自己的信用评分。

比如，按时支付账单，6 个月内的支付情况能在你的分数上看到明显的不同。同时，主动提高自己的信用额度，如果你有信用卡账户，打电话询问信用额度如何增加。如果你的账户有良好的信誉，你的信用额度应该增加。重要的是不要每次都花完信用额度的钱，这样你的信用利用率就会降低。同时，不要关闭信用卡账户，如果你没有使用信用卡，那么最好把它消掉，停止使用它，而不是关闭账户。根据信用卡的年龄和信用额度，如果你关闭账户，它会损害你的信用评分。

例如，假设你有 1000 元的债务和 5000 元的信用额度，平均在两张卡上。因为账户是分开的，你的信用利用率是 20%，这就很好。然而，关闭其中一张卡会使你的信用利用率达到 40%，这将对你的分数产生负面影响。

在中国，很多人不明白信用价值的高低意味着什么，因为我们习惯于花自己的钱，而不是提前消费。然而当你明白信用价值的内涵时，就会发现在自己的一生中，信用评分是一个可以花费或为你省下很多钱的数字。一个优秀的分数甚至可以让你在借贷时获得低利率，这意味着你将为你的任何信用额度支付更少的钱。但这取决于你，所以一定要确保你的信用保持较高水平，这样你就可以在需要借款的时候获得更多的机会。

这就是传统模式下的信用评判。伴随着互联网时代的到来，越来越多的互联网借贷产品出现，信用评价的模式也基于 FICO 的经典情况有了一些改变，人们参考更多的信息来确定一个人的信用评分，从而更灵活地决定资金的投资使用。

不过根本上，不管是传统的金融信用评价，还是基于互联网存在的新信用评价模式，都是从 FICO 模式的基础上演变出来的，所以也保留了 FICO 对信用的判断依据。当然，根据运营情况的不同，互联网信用评价也加入了其他的判断依据。

举个简单的例子，蚂蚁金服旗下的信用评价系统芝麻信用，除了保留了 FICO 模式下的几个信用评价依据，还加入了人脉关系和行为偏好等几项内容，这就发挥出了阿里系自身的优势，将阿里巴巴的信息资源充分利用，以一些主观因素较浓的依据作为评价，在保持信用评分的客观性之余，又有了灵活性、人性化的变化，就是一种虽然尚不是很成熟，但前景相当广的互联网第三方征信系统。目前，已经有一些金融机构会参考这些互联网征信系统的数据了，这是一种进步和成熟的体现。

可以说，互联网的介入让信用评分产生了一定变化，不过万变不离其宗，FICO 经典模式的存在，可以让我们更好地理解互联网金融中的信用体系。

大数据，让信用评分更简单

当我们谈起大数据，其实就是泛指对各种指标的分析，以更好地满足客户对各种产品和服务的需求。近年来，随着越来越多的交易通过互联网进行，数据收集和存储相对容易，这一任务变得更加可行。大量的数字信息，以及快速增长的存储和计算能力，从农业到医疗保健都在不断变化。因此，不应该感到惊讶的是，它也在动摇金融业。

在金融服务领域，这种大数据分析主要针对的是信用评分，在大数据介入之后，金融业的信用评分变得更加简单。大量的互联网金融企业在寻找超越传统 FICO 分数评价的方法，以更好地评估风险和借款人的还款能力。尽管 FICO 评分系统本身已经开始对其基础数据指标进行了调整，但事实就是如此，一些公司已经走得更远了。

例如，在过去的几年里，许多公司一直在利用社交软件来存储大量的数据，这些数据包含了用户社会经济地位的有力指标——你所就读的学校，你工作的地方，你的朋友是谁——以此作为信用风险指标。这种对数据的利用都是可以理解的，尽管最初可能会让客户感到不安，毕竟也意味着信息安全。

但这种发展已经是不可避免的了。不管是我们在使用微博刷新闻时，还是用微信维护自己的社交圈，抑或者用淘宝购物、用网易云听歌，都在不断产生个人信息，并且被这些企业所利用。线上企业的这些努力都是为了发展更有效的市场，而这些关乎用户个人喜好、生活习惯的种种小信息，最终会汇总反映出一个用户的信用价值。

与借款人或租客一对一的会面显得更靠谱，对相信自己直觉的人有一种直观的吸引力——但时间表明，在信用价值评价上，行业内部更喜欢客观数据。FICO评分系统现在被广泛用于消费信贷和其他目的，就是因为它提供了一种基础可用的信用评价。而互联网金融的介入，则旨在进一步改进这种方法。

当大数据与信用评价联系在一起时，你会发现征信系统的评价模式变得更加简单了。获取数据在传统领域并不是一个简单的事情，当我们要去银行贷款时，需要经过漫长而严格的征信系统考察，需要携带大量有关文件与信息资料，才能够证明自己的还款能力，这正是因为金融机构并不了解每一个用户的消费模式、信用程度与还款能力，所以需要更多更加客观、严格、官方的资料内容来佐证。这在一定限度上给小额贷款的用户带来了困扰——所借贷的额度跟信用评价带来的麻烦相比，似乎显得非常不值得。

而基于互联网的用户征信系统，则可以提取大量生活中的信息来佐证我们的信用。不管是购物记录也好，还是生活圈子也罢，从以往日常的消费情况、还款情况乃至于交际情况，就能较为简单地分析判断出每个人的信用情况，这就是大数据出现后的一个重要转变。当然，要做到这一点首先需要一个有用户的平台，所以目前国内互联网金融征信系统做得比较好的企业，无不是有大量用户的，比如阿里巴巴、腾讯、百度等。

当然，借助平台获取真实信息只是第一阶段，大数据信用评判还要对信息进行处理，我们必须从海量数据中找出对某些内容的决定性影响因素，这是数据工作的第二阶段——选择出合适的数据资料。

在大数据时代，数据进入了一个新的阶段，我们可以从更广泛的角度来分析事件。在过去，想要获得信息的广泛范围是非常困难的，更不用说在各个方面都能得到信息，而且很明显，后者可以帮助我们更全面地理解事物的发展。现在则不同，大数据所反馈的信息就是全方位的，所以我们能够选择任何一个自己想要的方面的信息进行处理，也可以将不同方面的信息综合起来处理并判断，这就是新时代大数据的魅力。我们从盲人摸象的时代走了出来，终于可以更加稳健地掌控全局。

选择好数据并处理完毕，我们就进入了大数据信用评估的第三步，也就是通过对信息的分析，让整个信用结构得到优化。只有智能化的分析架构，才能准确地借助信息评判一个人的信用，做出客观的有价值判断。所以，每个互联网金融机构的评估系统都在发展这部分，就是为了让评估结果更加准确、更值得信赖。

政府对互联网金融信用评价的建设是持支持态度的，确切地说，政府希望建立一个平台，利用大数据、移动互联网和云计算来衡量和评估不同层次的人们的生活，以创建一个信用监督系统促使人们更守信。这些信息也包括你的驾驶记录、购物习惯，乃至于你的专业评估，比如你的客户认为你是多么优秀的律师。

大数据的信用评分还让人们的信用评估方式更加全面、公平。在信用卡公司和通常的信贷数据提供者之外的人群中，有一部分人是吃亏的。例如，大多数当前的信用评分不考虑日常支付，包括房租、水电、有线电视等的费用，尽管研究表明，这些支付历史都有助于提高人们的信誉。而大数据信用评价下，我们可以选择在线上支付这些费用，并一一记录在信用系统中，让信用分数更加客观。

用大数据给信用评分，让一切变得更加简单，不仅省去了借贷者的麻烦，对于金融机构而言也是一个不小的进步。

互联网信用评分典型系统

中国的互联网发展历史虽然短暂，但是十分迅速，互联网第三方信用评分系统如今不仅发展得较为成熟，而且广泛地运用在生活的各个方面。其中发展比较早也比较典型的互联网信用评分系统，莫过于蚂蚁金服旗下的芝麻信用。当芝麻信用摆脱了一开始不受人信任的窘境之后，现在已经应用于许多交易上，甚至在线下的交易也可以根据蚂蚁信用来考察买卖双方的诚信度。

这一评分由阿里巴巴旗下的蚂蚁金服创建。支付宝是中国最受欢迎的第三方支付软件，拥有超过 3.5 亿用户。蚂蚁金服声称，芝麻信用评估一个人的购买和消费习惯，以得出一个数据，显示出一个人的信誉。通过数值基准，信用度高的人可以获得一定的津贴，比如小额贷款或存款准备金。芝麻信用是中国第一个将线上和线下数据结合在一起来产生信用评分的系统。

当芝麻信用累积了积分，可以用在线下的许多地方。比如在预订酒店房间时，有 12 点积分就可以给用户带来 100 元的奖金。再多 62 点

赵春林多次出席大学生就业形势会议并发表演讲

积分，用户就可以租一辆车，而且不用付定金，或者还可以申请贷款，但额度不确定，利率也不确定。如果积分到达一个较高的程度，甚至可以拿到去某些国家的签证。芝麻信用已经通过这种方式，为人们在线下的活动进行了信用担保，以此来提高芝麻信用的可信程度。

　　正是利用线上的数据来给线下的生活带来便利，让这个第三方信用评分系统脱颖而出。蚂蚁金服曾经表示，芝麻信用不是一个愚蠢的游戏，而是中国第一个将线上和线下数据整合在一起以产生信用评分的系统。

　　在这个典型的互联网第三方信用评分系统里，分数根据五种类别的因素上下变化，这一点跟传统的 FICO 系统既有重叠的地方，也有相当多的不同之处：

　　第一类因素，考虑的是用户使用支付宝的购买行为，以及购买商品的数量和购买的商品价格。但买一件东西的内容不会影响你的分数——换句话说，只要你买了东西，你的分数就会上升，不管是书还是性玩具。

一位蚂蚁金融的女发言人曾说："重要的是购买频率，而不是你买了什么。"

第二类包括个人信息，比如工作和户口。对此我认为，该公司利用这些信息更好地了解其用户，并在输入信息后可以获得更高的分数。它需要这些数据，因为它帮助平台的服务更加全面。但是，分数不会根据你的职业而上升或下降。比如在中国，你有上海户口，这并不意味着你有更好的芝麻信用评分。

第三和第四类分别是对账单和信用卡的及时支付程度。许多支付宝用户通过移动应用支付账单，并通过手机推送通知来接收提醒。未能按时付账会导致一个人的分数下降，可能是最重要的一类影响因素。

最后，当用户更多的朋友加入芝麻信用的时候，他的分数就会上升。这一点就是芝麻信用与社交圈结合在一起的一种评分方式，当然，你的朋友圈的分数或个人信息不会影响你的分数。

芝麻分数的社交特点非常明显，因为你也可以看到你朋友的分数，但前提是他们同意你的要求。这就让很多线下的小型交易变得更可靠，比如在闲鱼上，当一些陌生人想要交换物品或者出售自己的闲置物品时，就可以参考交易对象的芝麻分数来判断他是否可信，给交易提供侧面的帮助。

不过与传统的信用评分系统比较而言，芝麻信用这样的互联网信用评分系统还是存在一定的平台依赖性，不够客观准确。比如，只有对支付宝、淘宝等产品依赖度较高的人，才能在芝麻信用当中获得比较高的评分，而不是参考他实际生活中的经济能力与还款习惯。比如我的朋友同意和我分享她的分数，我很惊讶地发现她有755分，尽管她和我年龄相同，而我只有650分。她在一家国有公司工作，月薪4000元，收入并不高。但实际上，看看她的购物习惯，你就会知道为什么会有这样高的分数了。

我的朋友告诉我，她每月要花5000—8000元买书、化妆品、衣服、食品、零食以及使用支付宝钱包的其他的东西。她说，通过这款应用，她总共转账了约19万元人民币，这让她成了比我更忠实的支付宝用户。

因此，芝麻信贷更像一个对平台的忠诚计划，而不是信用评级体系。但随着其用户基数增长，其金融影响的范围将会扩大。当大多数人都对这个第三方信用评分系统产生依赖时，芝麻信用就可以发挥出相当可观的价值了。

所以，我们更青睐芝麻信用未来的发展。除此之外，腾讯信用服务也异军突起，依靠自己的平台优势和多年来的用户资源，成为另一个大型第三方信用评价系统。这一切的发展，与互联网金融的快速崛起不无关系，但同样也跟中国政府开放的政策有关。

芝麻信贷起源于中国一度贫瘠的消费金融行业。与美国相比，中国的金融机构几乎没有为客户和小企业服务。中国人民银行——中央银行是中国唯一的官方信用评级体系，截至2014年，只有3亿人在使用这一信用评级体系，这还不到总人口的25%。相比之下，在美国或者其他发达国家，百分之八九十的成年人拥有信用评分。这意味着许多中国客户一直在存钱，而不是借钱或投资，这反过来又阻碍了国内消费，这是中国经济放缓的一个令人担忧的因素。

为此，中国政府批准了许多私营企业，希望推出基于互联网的信用评级系统，包括蚂蚁金服和腾讯这两大巨头。目前，这些第三方信用评分系统在网络平台上如火如荼地发展，已经成功将"信用评价"这个概念普及到人们的生活中，仅仅是做到这一点，就是一次非常令人惊喜的成功了。

互联网与大数据改变信贷模式

利用大数据的互联网企业正在培育有洞察力的经济，力求让每一个商业活动都被精确地定位，这要归功于物联网的发展，构建了一个连接在一起的世界。

企业正欣然接受"大数据经济"，这是一个将编码、工具和数据结合起来实现人工智能、推理和学习的过程。如今，金融服务行业的分析师和数据科学家比以往任何时候都更有能力根据数据和业绩发布简洁、数据驱动的预测，并释放利润丰厚的回报。但是，过去不是这样的。

可以说，是互联网和大数据的出现，改变了现在的金融模式，尤其是信贷系统。

自20世纪50年代末，商业协会和小型信用机构的信用评分发展一直停滞不前。因为信用机构总是根据借款人的财务行为，例如还款的频率和可靠性，以及更令人惊讶的因素，如用直觉来评估借款人的个性、喜好和声誉，贷方为个人借款人创造了一个独特的分数系统，而这个系统显然对小资金的借款人并不公平。

这个系统最终在现代的事实信用评分系统中不断发展成熟，然而发展的过程中，大量数据难以处理和筛选，这个过程仍然困扰着人们，导致评分不客观、不准确。

与互联网的数据准确性相比，这显然太落后了。IBM在2012年创造了25亿千兆字节的数据，预计到2020年将从惊人的750亿互联网设备中收集数据。相比之下，传统的不确定的信用评分系统就像瓷器一样脆弱。

正是在强大的数据处理能力下，互联网时代的信用评分系统才能变得更加全面、更加客观。即便是传统的金融服务，在数据计算的介入下也提高了工作效率，让评估对象的情况可以更好地展现出来并被分析。

除此之外，传统的信用评分系统不能克服迟缓和不准确的地方，但是互联网时代的评分系统改变了这一点。过去，信用评分过程虽然成立，但存在缺陷。比如借款人咨询3家权威的金融机构，很可能得到一样的回复，这导致借款双方的工作量增加了3倍，尽管这3家机构都采用了传统的信用评分方法。为什么会这样？因为虽然他们数据库重叠，但借款咨询的信息记录在不同金融库里。如果一个贷款申请被一家银行拒绝，同样的信息也可以导致被另一家银行拒绝，使客户陷入一个不成功的循环。

不幸的是，传统的数据不会显示申请人的支付意愿、他们的负担能力，以及他们有多大可能性按时还款。值得信赖的申请者，往往由于缺乏贷款人所依赖的数据，很容易就会错过贷款的机会。这种有问题的程序只是通过偶尔的抽检来检查，而这只会让贷款机构的经营缺陷进一步恶化。

借款人、顾问和贷款机构正因为数据不准确、贷款和抵押贷款申请不准确而萎靡不振。他们的挫败感在不断发酵，尤其是在进入新时代后，人们对借款的需求越来越高时。抵押贷款市场审查往往因其不准确而受到特别的审查和批评，理由是虽然支付能力的判断标准是严格的，但申请程序却太过冗长，导致工作效率下降。

而目前，由大型数据系统收集和分析的信息，是过去信用咨询机构获得的信息所无法比拟的。不出所料，顾问和银行看重这样的解决方案，希望大数据信息被纳入信用评分的计算，因为这样可以让结果更加准确，避免传统的流程导致的问题。

除此之外，社交媒体的出现也促成了金融领域的数据革命，导致大数据和互联网开始改变金融行业的信贷架构。在社交媒体平台，人们通过将社会数据叠加到传统数据上，贷款机构在决策过程中就可以考虑更多背景因素。更重要的是，银行将能更深入地考察新的融资账户。金融服务行业正在寻找可行的解决方案，将这些数据带到生活中，事实证明，这样的技术是一定存在的。

社交媒体的数据可以通过互联网，将更深入的调查结果传递给每个客户，而不是一个简单的数字，从而提高可靠的信用评分。与传统的信用评分不同，它揭示了评分背后记录的事件内容，企业可以通过分析来发现互联网背后正在发生的事情。它呼应了信用机构所采用的原始方法，比如其中一部分信用评分着眼于感性判断以及借款人生活中的实际情况。

社会数据减少了一对一的访问工作，并保留了用户的个性化需求，既灵活又高效。由于自动化的数据分析，负担能力评估将比以往任何时候都更加详细和有针对性，而且仍然能最大限度地提高效率。这就在很大程度上改善了过去信贷机构的工作效率问题，简化了整个系统。

例如，将贷款投资于新产品的借款人，他们是否选择将贷款挪用，都将通过将社会数据展现到信用检查中，来揭示人们对贷款的使用情况。社会数据揭示了这些人的性格和生活背景，这些都是非常重要的信息，因此企业可以得出自己关于借款人财务是否稳定和能否遵守承诺的结论。

一个能正确利用大数据的企业，可以说在金融领域是绝对占据上风的。大数据从根本上改变了员工和计算机系统的交互方式。手动输入数据的冗长且令人沮丧的重复过程被消除，取而代之的是系统自动化。顾问们专注于解释数据，增强他们诊断借款人可靠性的能力。比如，从事过于复杂的客户服务任务的员工，在与用户交流的时候可能涉及语言问题，在大数据和互联网平台的介入下，他们被免除了问答环节，因为系统可以通过覆盖社会数据来确定相同的信息，而直接提供给用户答案。

大数据给金融服务提供了人性化的帮助，展现了社会数据和分析信息之外的信息，告诉金融机构贷款人是谁，他们在做什么，他们花钱买什么乃至于他们的个性特征。但最重要的是，它告诉了机构借款人实际上能够支付的费用，这一点对于金融机构的风控十分有益，让金融工作变得简单准确，避免了许多意外主观问题。

所以，大数据和互联网的存在，可以说从根本上改变了信贷模式，这一点是绝对毋庸置疑的。

资金流转在新模式下变得更简单

2015 年 1 月 5 日，中国人民银行发布通知，要求对提供个人信用报告服务做准备工作，并给了前八机构（包括芝麻信用报告、腾讯信用报告、中国诚信信用评级集团等）6 个月的时间来做准备。之后，第一批个人信用报告机构就获得许可正式成立了。

这是一个全新的探索，中国开始从官方鼓励建立互联网金融领域的第三方信用评价系统了，之所以要做这方面的内容，就是因为国家希望互联网金融领域做到传统金融模式下做不到的东西，让信用评级变得普及化。

当时在世界上，没有一家信用报告机构实施了一个完整可信的互联网信用报告系统，这意味着互联网信用报告显得不是那么可靠，发展潜力很难判断。然而，互联网巨头似乎对这类业务很有信心。就在2015年互联网峰会前15天，京东宣布将投资于美国金融服务科技初创企业Zestfinance，该公司利用机器学习和数据科学来评估信贷，并成立了一家合资企业。

互联网巨头们纷纷涉足信贷行业，就是对互联网金融的看好。他们认为，"如果贷款申请人在评估他们的信用时，不能考虑到网上零售商的历史记录，那么什么样的信息还能被考虑到？"在互联网时代，那些仍然怀疑大数据信用报告可信度的人显得过于传统了，似乎忽略了互联网对人们生活的深刻影响。

对于像阿里巴巴、京东这样的互联网金融公司来说，大数据金融的信用报告，不管争议如何，仍然是一个有前途的业务。果然，如今它被批准，巨大的潜力也被释放出来，人们就看到了互联网金融领域在信贷评价上的优势。

可以说，互联网信用报告平台最大的贡献，就是把信用评分这个概念普及到了人们的生活中。在过去，仅有中国人民银行可以对信用进行评估，它的信用报告制度非常苛刻。由于担心可能受到惩罚，一些借款人甚至从高利贷者那里借钱，以便及时把钱还给银行。当互联网信用报告系统出现，并可以成为一些小额贷款的参考之后，人们在贷款这件事上更加放得开了，对资金的使用更有自信和底气，也让更多原本无法贷款的人得到了资金支持，这在一定程度上促进了国民消费、促进了资金在市场上的流动。

而且，大数据分析的模式让这个规模巨大的信用评估活动极大程度地降低了成本，资金的流通成本得到了压缩，让人们可以以更低的利息更灵活地使用贷款。

在一个广阔的市场中，流通成本的影响可能是你无法想象的。在传统的经济概念中，买卖双方之间存在着简单的供求关系。因为供给和需求的变化会影响商品的价格波动。当供过于求时，是买方市场；当供给小于需求时，是卖方市场，价格将升高到价值附近。传统的供求关系简单地揭示了经济和商品交易的本质，人们认为调节供给和需求可以调节市场。

然而，当市场足够大、足够复杂的时候，人们发现经济模式不仅是一种简单的关系，流通成本也在其中起着非常重要的作用。比如，大家都知道杨贵妃喜欢吃荔枝，而荔枝源于巴蜀，运送到长安非常困难，吃荔枝这样简单的事情就会变得复杂得多。对于巴蜀当地人来说，荔枝的价值可能并不高，但当它被煞费苦心地送到首都长安的时候，价格就变得不可估量了。这样的原因是运送荔枝的成本很高，而且当成本增加时，商品的价格远远高于它的价值。

所以无论是生产者还是客户，每个人都致力于降低流通成本，因为它不会对任何人有利，它会损害供给和需求。

在当前的互联网时代，信息可以更加透明，在广阔的平台上更有效率，通信成本降低，流通成本降低。毕竟，信息也是钱，充分的信息交流可以在很大程度上节约我们的成本，通过各种网络信息平台。供需侧可以解决通信问题，在一定程度上降低了流通成本。而大数据的介入，让个人信息的收集和处理变得自动化了，在第三方信用评估平台上，大量工作都已经被大数据分析技术所迅速处理完，最后专业人士只需要对数据信息进行一下简单的分析即可，这就导致信贷流程变得更快更便捷，一定程度上降低了资金的流通成本。

正因为如此，过去一直不能解决的信用评估系统无法推广的问题，在大数据时代才能解决，才能出现全民化的信用评估系统。如果全然按照传统机构的模式去做，恐怕这个效率会低很多，推广范围也会变小，推广时间则会变长。

所以，我们不能忽视大数据条件下，金融机构的信贷模式变得更加便捷、更加快速，导致资金在市场流动速度加快的改进。可以说，这些变化都是在互联网金融领域发展到一定程度后我们才意识到的。所以，一个新生事物的出现虽然会迎来一定的质疑和不看好，但只要实用性强，就一定能得到市场的认可，互联网金融正是如此。

第四章

互联网金融
与传统金融的碰撞

面临挑战的传统银行业务

当前，不断增长的监管资本要求和与传统银行某些做法相关的负面新闻，引发了人们对客户和互联网金融新业务的兴趣。可以说，传统银行正在面临最大的挑战，挑战者就是他们过去并没有放在眼里的互联网金融产业。

目前，传统银行的改革是一个重要的趋势。只要读一下银行的新闻稿，你就会看到银行业的集体良知重新发挥了作用："去杠杆化资产负债表""降低成本""简化业务""更专注于客户"，这些策略似乎正在鞭策着银行不断改进。过去为什么没有这些内容呢？很简单，来自互联网金融的威胁让传统银行意识到，改革和创新势在必行，已经很难再回避了。

在过去，银行的产品结构导致大量的重复和复杂的操作，这将影

赵春林出席第十届中国华管理论坛

响客户体验并增加成本。众所周知，客户体验是相当重要的，顾客满意才愿意花费更多，而银行服务的成本更低。例如，美国运通就曾调查后声称，高度满意的客户往往会多花 10%～15% 的钱，而选择这个银行的可能性则高出 4～5 倍。

因此，互联网金融已经成为传统银行市场的威胁，特别是在贷款、存款和支付领域。因为很简单，互联网金融的客户满意度和服务水平更高，简单快捷的技术流程操作，显然比冗长复杂的传统银行更节省人们的时间，更加便捷。

以移动支付为例，统计数据证实了客户的变化行为：

中国 70% 的人现在拥有智能手机，超过 1/3 的人使用这些设备来购物。在全球范围内，2013 年移动支付总额为 2350 亿美元。预计到 2017 年，这一数字将增长到 7210 亿美元。

不幸的是，对于传统银行来说，这些支付中的许多都是使用由移动支付公司和数字供应商提供的应用程序来支付的，跟银行没有什么关系。

更不幸的是，这些新进入市场的互联网金融机构，往往更擅长于提供客户服务和建立品牌宣传。

银行当然知道，善待客户对企业有利。传统的衡量银行成功的方法（股本回报率、利润、成本或收入比率等）已经得到了更多以客户为中心的指标，如净启动子评分（NPS）和其他客户满意度测量。对于不熟悉 NPS 的人来说，NPS 是一个广泛使用的衡量客户忠诚度的方法，由美国某公司开发，它提出了一个简单的问题："你会推荐我们的公司/产品/服务给你的朋友或同事吗？"那些以 0~6 的分数来回应的人被认为是对服务不满意的顾客或批评者。

根据英国某个机构的调查，英国所有参与银行，除了维珍理财，都只有不到 60% 的净启动子评分（NPS）。相比之下，苹果的得分为 76%，显然高了很多。所以，互联网金融领域结合移动支付，让顾客给予了更高的满意度，这一点似乎是传统银行难以做到的，是一个先天就落后的地方。

所以传统银行当然应该担心这种挑战。当互联网科技公司开始拥有媒体内容、产品营销和支付平台时，传统的银行在其领域内的优势变得越来越小，这一点已经成为一个难以改变的趋势。在国内的最近一项调查中，23% 的银行受访者认为来自行业之外的竞争压力至少和内部的竞争压力一样大。他们还认为阿里巴巴或腾讯、京东这样的平台与技术供应商是他们最大的威胁。

而且这不仅是银行面临日益激烈的竞争，整个资本市场都面临来自互联网技术的冲击。互联网贷款等活动为投资者和客户提供有吸引力的利率，通过使用高度集成的技术降低运营成本，保持贷款的低利率，就像一个基于网络的约会机构一样，这些资本市场的人与那些正在寻找回报的投资者在网络平台上快速匹配，比传统模式下的匹配效率高得多，成本也低得多。

其他基于网络的贷款机构针对的是那些没有良好信用评级的客户群体。贷款起源于一个简单的在线申请过程，提供了一个即时的贷款决定。申请者通常需要一个手机和一个电子邮件账户，这有利于降低客户的服务成本。很明显，技术是促进银行市场增长的主要催化剂。这既是银行关心的内容（生产力、增长、成本控制、风险管理等）的先决条件，也是客户关心的（价格、便捷性、易用性、速度等）。但是现在技术并不掌握在传统银行手中，而他们在这个领域已经慢人一步了。比以往任何时候都明显，业务和技术是同一枚硬币的两面，而这正是传统银行面临的挑战。

面对这样的挑战，传统银行的改革已经不能再等待。在互联网金融的大浪潮下，即便是最强悍的银行业巨头，也必须改变自己传统的思维，低下头做一个谦虚的学习者，只有这样才能从已经变化的市场中再次站稳脚跟。在这种情况下，他们应该怎么做呢？

我们就要从传统金融与互联网金融最有矛盾、最具有挑战性的几个点切入，去看一下互联网金融和传统金融应该怎样利用各自的优势，去寻找解问题的最好办法。

用户至上：互联网金融展现的新未来

前面我们已经说过了，即便是传统的银行，现在也正在迎来积极的变化。其中重要的一面，就是他们更加重视用户服务，愿意将注意力专注于用户，通过降低成本，简化业务等模式来提高用户的满意度。这种人性化的服务态度，是一种积极的改变信号，也是互联网金融，在和传统金融的碰撞当中，所体现出的最大优势。正是因为互联网金融的用户体验很好，从人们心目中更加可靠的传统金融机构手中夺走客户和业务。可以说互联网金融展现了在金融领域的一个新未来，那就是永远以用户至上作为服务理念，所有的服务都围绕着用户来展开。

互联网金融的用户体验满意度之所以较高，很大原因，是解决了用户的痛点。重视用户、跟踪用户的痛点是很重要的，在互联网的发展过程中，它解决了很多人的痛点。

比如，过去人们在传统银行办理存取款业务，即便没有遇到高峰期，往往也需要等待一段时间才能获得服务，而一个简单的存、取、转资金的业务，其实是可以实时便捷地完成的，根本不需要客户专门走到

赵春林和经济学专家赵立晓合影

各个服务网点再排队解决。互联网金融出现之后，这些依托于互联网的平台就解决了这个问题，人们足不出户，只要借助网络就可以在机构平台上实现各种资金的流通。这就是对传统痛点的一种解决。

只要能解决痛点，哪怕是新生事物，也很容易被大众所接受，这是存在于市场上的一个真理。所以，即便互联网金融出现之初，并不被人们所信赖时，也快速积累了大量用户，就是因为它的服务实在是太过方便了。

在任何服务过程中，解决痛点都是很重要的。什么是痛点？用户愤怒和负面情绪爆发的点就是痛点。当用户购买你的产品时，他们会发现产品的使用中有很多不舒服的地方，这往往会造成负面情绪。例如，如果你买了一个钱包，发现100元的钞票不能平整地放进去，一些用户会不满意，这是用户的痛点。消极情绪是未来产品改进的方向。如果你能解决用户的痛点，就相当于发泄他们的愤怒，这将给用户带来购买的欲望。

在营销过程中，不仅要解决痛点，还要指出痛点，先戳痛用户，然后再宣传他们的产品，相当于告诉用户，我的产品可以让你不再心痛。有痛点的用户会自愿购买，这是目前在互联网上流行的痛点营销。

比如 mobike 自行车的"最后一公里"口号，就是为了解决人们在上地铁前和下地铁后必须走路的一公里问题。一公里，坐车显得太短了，但走路就显得有点长，如果有一辆自行车连接地铁站和目的地那就容易多了。当我们使用自己的自行车时，必须每次都停在某个固定的地方，而且在很多时候都不方便停车。在这种情况下，为了解决人们的痛点，共享单车出现了。

你看，共享单车的出现是一种创新，能解决人们的痛点。有些人甚至没有感受到这个痛点，但是在共享单车的宣传下，也立刻明白了这种好处，所以这就是一种服务的提升。互联网金融的出现，借助平台优势最大限度地加强了对用户的服务，这就解决了人们过去跟银行打交道过程中产生的痛点，让人们立刻有了服务提升的直观感受，这就让用户黏性提高了。

所以，互联网金融在发展过程中，才格外注意解决这些问题，非常强调"用户"的作用。可以说互联网时代，卖的绝对不只是产品，更多的是服务，对于金融领域而言更应该有这个意识。在这个绝对的买方市场上，客户态度决定了互联网金融平台的生死存亡，客户的态度却往往不是取决于产品这些硬性指标，而是取决于服务态度、满意度等感性概念。这就证明了得服务者得天下。

先进的技术、优于他人的产品质量……在过去，这些都是不靠服务就能吃遍天的杀手锏，但现在已经沦落为市场的准入证，有不代表优势，没有才是问题。在竞争激烈的市场上厮杀，如果你的产品已经不再具有竞争优势，那就得从其他角度入手，身为互联网从业者，首先想到的就应该是"客户"的态度，这才是感性上最容易产生用户黏性的东西。

只要客户对你的产品有好态度，就算你的产品质量稍差、技术不是顶尖，一样可以留住顾客，这就是感性概念的影响。而好的态度就来源于好的服务，互联网人比一般的金融从业者更要有这种认识——客户买的不是产品，而是他们遇到一个问题，你的产品恰好能提供解决方案。所以，我们就得通过自己的服务，让产品转化为解决方案，这样才能让客户有好态度。

举个例子，同样都是卖钻头的商家，一家钻头质量好，但是顾客来购买的时候不教给他们怎么使用；另一家质量差一些，却手把手地教顾客使用，一个不会使用钻头的顾客会选择哪一家，一目了然。虽然质量差的一家在品质上稍有欠缺，但做到了让自己的产品能真正解决顾客要求，而不是只卖产品、不提供服务，这就赢得了顾客。

人们对传统金融机构所累积的关于服务的不满，在互联网金融重视服务的衬托下，更容易集中爆发出来。至少现在，大多数年轻人已经不再选择去银行网点办理业务，他们更愿意将日常的资金业务转移到互联网上，甚至连大宗的投资和消费也跨过银行，直接和网络平台对接，这就是一种基于"便捷"的选择。因为用户至上的服务态度，才让人们有了这种转变。

网络银行即将取代传统线下银行

在不久前，中国人民银行的一名高级官员表示，互联网正在改变人们在中国银行业的经营方式。可以说现阶段，网络银行即将取代传统银行的趋势，已经是所有人都可以预见的了。

至少在两年前，当我需要更改自己的银行卡绑定电话时，还需要去柜台进行办理，而现在只需要打个电话或者在网上提交一下申请就可以了。仅仅是这样的一个服务，似乎不足以体现网络银行的发展趋势，但如果更多这样细微的服务都开始转移到网络上了呢？这个变化就非常大了。

我所指的这种网络银行，当然不只是互联网金融创办的网络金融机构，即便是传统的银行，也在逐渐将自己的工作重心转移到网络上。在互联网的技术大潮冲击下，传统银行也在不断求变。

中国人民银行法律事务部主任穆怀鹏就曾经表示："互联网已经改变了传统金融机构与客户互动的方式。"他在最近一次由银行家出席的论坛上说了这样一段话："过去，客户去银行柜台查询想要的信息，但现在他们习惯于在互联网上做这件事。"这种习惯的改变不可小看，带来的变化是巨大的。

根据中国市场上权威机构的调查数据，今年第二季度，中国的网上银行交易额达到 382.7 万亿元，比去年同期增长 27.8%。

不过，尽管传统银行在极力改变，并应对这种冲击，但是互联网金融产品对银行市场的冲击力还是很大的。虽然大型银行是当前网上银行交易的主力军，比如中国工商银行拥有 34% 的占有量，中国建设银行则占据 15.3%，但来自非银行机构的竞争日益激烈。

其中包括互联网巨头百度、阿里巴巴和腾讯，它们正在挑战传统银行的创新网络和移动银行产品。可以说，互联网公司是对老牌公司的真正挑战，尤其是腾讯，已经利用了它为其即时通讯平台微信开发的支付工具。

微信平台给腾讯积累的用户是十分庞大的，它可以很容易地在平台上添加"网上银行"这个功能。而从其庞大的客户群中赢得客户，这一点是传统银行很难做到的。他们没有这样好的平台去推销新产品，增加自己的客户群。

其实，在多年前中国的传统银行就已经开始了在网上开展业务的尝试。1996 年，中国银行率先在中国开展网上银行业务。而汇丰银行则在 1989 年成为第一家推出网上银行业务的西方银行。

中国招商银行是第一个在 1997 年推出互联网支付系统的公司，在此之后，网上银行和电话银行业务遍布全国。但在移动互联网的技术革新出现之前，人们对网上银行的依赖度并不高，仅仅作为一种传统线下银行业务的辅助手段。这是受困于技术的问题，与银行本身无关。毕竟在当时，网上交易的安全性、可靠性都难以保证，便捷程度也不是很高，自然很难得到用户青睐。

然而伴随着互联网浪潮的快速涌动，互联网企业借助平台与技术便利，反而在网络银行建设上先人一步了。这导致传统银行更不得不改变，以跟上脚步。因此，网络银行即将取代线下传统银行，是必然的结果。

数据显示，今年第一季度，使用第三方互联网支付工具的交易额达到了 1.63 万亿元，比上一季度增长了 110.5%，这一数字在中国春节假期之前就更夸张了，已经超过 3/4（77.8%）的使用阿里巴巴支付宝支付服务。

互联网也为 P2P 大规模扩张提供了平台。这导致对中小企业的贷款大幅增加，可以说，互联网正引领着金融市场。

科技为金融业增加了翅膀，它使不可能成为可能。现在，大数据可以用来检查任何文件的真实性，以解决我们以前难以解决的各种问题。

负责为银行提供技术解决方案的专业人士表示，互联网银行对老牌金融企业构成了重大挑战，不仅在中国，在全球范围内都是这样。现在，客户们希望使用智能手机和互联网为银行服务。如果你作为银行不应对这一挑战，你就无法跟上市场的变化。

没办法，互联网金融机构非常善于满足客户的需求，他们遵循着"用户至上"的服务理念，从思维上都是围绕着创新和发展来做的，自然引领着整个行业的变革趋势。尽管传统银行已经具备了这些技术，但它们还没有形成一种思维模式，可以根据客户的需要恰当地提供服务。就是这种思维上的落后，让他们现在面临严峻挑战。不过在许多情况下，老牌银行和新参与者之间存在巨大的合作空间，因为它们可以提供不同的服务，彼此之间具有高度的互补性。

而一个共同的发展前景则是，不管是传统银行还是新的互联网企业，都将在网络上发展自己的未来，网络银行门户将会逐渐取代过去备受重视的线下网点，逐渐成为人们金融生活中更频繁的参与者。这一天已经不远了，相信大多数人都能看到。

传统金融面临的几个冲击

前面我们已经说了，传统金融将在互联网金融的发展下面临极大的冲击，而这种冲击显然是积极的，因为有挑战才会有改变，有改变才能够让原本的弊端得到消除，才能让整个行业更有活力，才能让为用户服务理念得到提升。所以互联网金融这一新参与者的存在，让金融市场变得更加活跃，更积极，并在改革当中抛弃自己原有的问题。

从官方的角度上来讲，政府当然不希望互联网金融完全挤压掉传统金融的存在，毕竟互联网金融产业，还不够成熟，大宗资金的交易还是存在一定的不安全性，而且行业架构没有得到完善，管理力度不够，这一点跟稳健可靠的传统金融相比，是一个极大的缺陷。但政府却极力鼓励互联网金融的发展，就是因为它能够做到传统金融所做不到的事情，能够让资金在更广阔的市场上，以更加灵活的方式快速流动，能够对整个国家的经济起到刺激和带动的作用。所以在这个角度上看，互联网金融的发展还是非常有潜力的，而它对传统金融的冲击也是无法避免的。传统的金融业机构不能只依靠来自政府的保护和支持，也不能只学会利用自己的优势去打击互联网金融的弱势，而应该在冲击当中不断改进，加强与互联网领域的深度合作，与互联网金融进行深度交流，这都是传统金融可以做到的改变。

然而意识到了冲击在哪里，才能够进行改善。下面我们就会仔细地介绍一下，到底传统金融面临着哪些冲击。

第一，最严重的冲击和改变，就是金融机构实体网点即将消失的趋势。在互联网时代，经过不断的发展，资金在网络上交易的安全性越来越令人信赖，监管也得到了保障，所以传统的实体金融可能会逐渐消失。在未来，大街上可能都难以找到银行网点，因为人们将所有的资金运营都放在了家中，甚至只要一台手机设备，就可以完成。

第二，传统观念下，人们对时间的概念也将改变。在过去，人们如果想要办理银行业务，必须要严格遵守银行的营业时间。不仅在每天固定的时间段内才能够办理业务，而且有些日子是银行网点的休息日，一些急需办理的业务就很难完成。会造成不便吗？这是显而易见的事情。相信不少人都曾经遇到过这种情况，在急需办理手续或业务的时候，跑遍了好几个街头的银行网点，却都是他们休息的时段。

但互联网金融的存在，让传统观念下这种时间概念逐渐消失了。互联网金融的客户服务依赖的是技术而不是人力，有一个运营平台和数据处理能力，人性化的灵活服务，就足以通过技术来塑造，所以完全可以做到 24 小时即时服务。这一点是传统金融模式下无法做到的，否则仅仅是人力成本，就是一个令人难以想象的数字。

第三，传统金融将面临着去纸币化的冲击，今后的金融交易可能只是账户上数字的改变，而不再使用现金。事实上，现在支付宝等支付平台不断发展，已经展现了这一个趋势，人们已经习惯了移动支付，在日常生活中对现金的需求越来越小。而未来这种趋势只会越发明显，去纸币化的冲击，让人们对货币的概念产生了新的认识，这是一种巨大的转变。对传统银行而言，这种转变似乎是不利的，因为这将意味着传统银行的许多职能变得没有必要存在，必然会对传统银行的运营产生一定的冲击。

第四，在互联网技术的影响下，银行的经营成本将大幅度下降，如果传统金融不能够及时应对，就会在市场上处于劣势。在过去，再厉害的产品经理也不可能同时服务于众多的用户，但是互联网金融可以做到这一点，余额宝在刚刚推出短短的 6 个月内，就拥有了超过 8000 万的用户，这样的发展令人惊叹。而更令传统金融行业感到警惕的应该是，做到这一点的并不是出色的行业内管理人员，而是一个平台，一个结合了先进技术的自主运营平台。这节省了大量的劳动成本，并且风险控制也得到了客观上的加强，信息成本也大幅降低。在这个基础上，如果传统金融不能做到一些改变，是很难突破互联网金融限制的。

第五，互联网金融突破风险管理控制，大力拓展金融服务空间领域。互联网银行相对于传统的银行而言覆盖面积更广，只要一根网线，可以连接全世界范围内的用户。只要通过数据分析，就可以扩大用户群。只要信用评价系统跟上，所有的用户都可以进行贷款等复杂的金融交易。这一点，是传统金融服务绝对做不到的。正因为突破地域限制，互联网金融才能达成"野蛮生长"的速度，让传统金融有所警惕。

第六，现行规章制度的影响。现在互联网金融的监管逐渐走上了正轨，政府对互联网金融发展明显持支持态度，所以对传统金融机构而言，变化是迫在眉睫的，否则就连规章制度也不能给予他们保护了。

第七，在互联网时代，现有的金融结构和行业巨头都会对行业产生影响。目前互联网产业已经成为增长最快、融资最多的产业之一，这个行业内积累了大量的资金，互联网巨头们已经拥有了冲击传统金融的实力，自然是不容小觑的。

第八，互联网金融对传统金融在运营上带来一定影响。互联网金融并没有改变金融的本质，因此，互联网金融冲击的是传统金融的管理形式，但并没有改变金融的本质。随着互联网金融的不断成熟，他们已经具备足够高的信用等级，同时还拥有强大的风险控制能力，帮助他们的客户管理他们的钱。只有你的赚钱能力更强、风险更小，客户才会留下来。因此，金融需要监管，运营也应该注意，在这方面互联网金融同样带来了一些挑战。

　　互联网银行正处于上升状态，具有光明的前景，而传统金融面临的下一个战场是移动互联网银行。传统的金融企业千万不要低估互联网银行的影响，一定要带着开放的心态和紧迫感来迎接这项挑战，同时互联网银行不能过于自信，应该完全理解金融的本质，不要低估金融的复杂性和严重性，遵守金融规则，坚持财务底线。在这种情况下，才能实现双赢。

传统银行也应拥抱大数据

　　大数据已经成为决定金融企业能否在竞争中胜利的关键。

　　在中国，60% 的金融机构认为大数据分析提供了一个重要的竞争优势，90% 的人认为成功的大数据分析将决定未来的赢家。

　　为什么如此？

赵春林和顺治、孙中山、毛泽东的特型演员合影

在全球，超过70%的银行高管表示，以客户为中心对他们来说很重要。然而，要获得更大的客户群，就需要更深入地了解客户需求，但是只有37%的客户认为银行充分了解客户的需求和偏好。在这种情况下，大数据让金融业更好地了解他们的客户，这一点非常要紧。

金融机构正努力从不断增长的数据量中获利，但是银行只是利用这些数据的一小部分来提供服务，增强客户体验，大量的有用数据并没有利用起来。例如，研究显示，不到一半的银行分析客户的外部数据，比如社交媒体活动和网络行为，只有29%的银行分析客户的资金来源，这是银行与客户关系的关键指标之一，只有37%的银行拥有实时大数据分析的实践经验，而大多数银行仍专注于人工分析。

可以说，传统金融匮乏的数据来源是大数据在金融业成功的最大障碍。分析人才缺乏、数据管理成本高、缺乏对大数据的战略关注也是主要的绊脚石。然而这些，互联网金融都能解决。这就是互联网金融能够蚕食传统金融市场的重要原因。

因此，传统金融领域也应该拥抱大数据技术了。

银行在服务交付和技术创新方面已经发展得不错。银行服务是日常活动的关键组成部分，因为大多数交易都是通过银行部门进行的。在银行业服务的客户数量呈指数级增长，所以银行部门中的每笔交易都相当于数据的创建和收集。银行业在一天的活动中产生大量的数据。对所产生的数据采用大数据分析将在目前和将来给银行业带来革命性的变化。

首先，大数据可以帮助银行对客户对象进行细分。银行业有权获得大量客户的个人信息。在银行业有效利用的情况下，现有的信息具有很大的潜力，银行目前可以实时跟踪客户交易。通过可获得的信息，银行可以根据不同的参数对客户进行细分，比如推荐客户首选信用卡等。客户的细分使银行能够订制和捆绑服务，这些服务被认为适合不同的客户群体，并且具有很高的准确性。大数据允许人们将可用信息汇总成可操作的数据，银行可以利用这些数据。

客户细分改善了银行业的营销部门。银行现在可以制定一种营销策略，将客户引导至特定的市场。订制化的营销策略提高了银行业的市场影响力，拓宽了银行的客户群。

拥抱大数据，可以帮助银行改进产品和服务。银行可以在数字平台上跟踪客户的对话。可用的信息用于确定客户的不同需求，并使其实时可用。通过对其他银行提供的服务进行评估，公司可以订制其服务，使其独一无二并获得竞争优势。大多数银行认为，利用大数据创造了银行业的竞争优势。

大数据能够提高银行的运行效率。银行业是一个快速发展的行业，对客户的期望越来越高。该部门收集的信息数量也非常庞大，预计未来还会增加。在没有大数据的情况下，要分析和简化大量的信息是很有挑战性的。大数据分析的实施确保了银行行业数据库能够更快、更安全地存储和处理信息。因此，大数据可以提高处理客户数据的效率。

许多企业的目标是降低运营成本，提高企业的盈利能力。银行业的大数据采用率确保了运营成本的降低。这是通过在银行部门的大部分重复性活动的自动化来降低承担这些活动的费用。通过对银行平台的信息和集成的实时分析，以及从所有银行分支获得的分析信息，也提高了操作的效率。

银行部门的大数据为银行提供了公司所有运营层面的实时信息。有许多指标用于监测银行业务。因此，一个问题很容易就能识别出来，甚至在它对银行运作产生灾难性影响之前。银行业的大数据分析有助于减少对客户产生影响的技术错误。

大数据被认为可以刺激创新。银行业务在创新的基础上取得成功，不仅提高了经营效率，而且使银行具有了竞争优势。银行业已通过大数据，提出创新服务，加强移动银行等业务。

大数据可以提高银行的风险管理。由于处理的大量信息，银行部门其实很容易受欺诈，这是银行在日常经营中面临的主要风险之一。大数据支持监视所有事务。随着信息的增多，银行可以区分真正的交易和欺诈性交易，这大大减少了银行从欺诈活动中受到损失。这是将所有银行信息整合到一个确保数据安全的中心位置。

网络安全是与银行信息处理有关的重大安全问题之一。大数据为银行提供了实时信息，可以检测其平台上的任何安全漏洞。现有的信息还可以使银行识别其系统中的任何弱点，在网络犯罪分子利用它们之前，就可以让我们发现这些漏洞并提前处理。

由于技术创新，金融市场现在全球化了。全球任何一个经济体的不稳定波动都可能波及全球。大数据为银行业提供了评估可能影响其运营的所有因素的能力，并能够制定应急策略以保护其运营和客户的利益，从而降低风险。

银行行业的大数据的采用还没有得到充分的实践。随着越来越多的银行完全采用大数据分析，未来大数据分析的支出预计会增加。预计银行业将会有更多的创新服务和大数据技术。银行将不得不选择最有效的技术来改变其运作。当行业大数据广泛应用时，银行业将会发生变化。

客户体验预计将在未来发生变化。银行业务的效率、信息的实时共享、银行行业与其他行业的联系以及某些功能的自动化将极大地提高银行服务的交付速度和客户满意度。当然，银行业的未来依赖大数据分析，这也是显而易见的。

第五章

互联网金融，
打造新的金融运营模式

互联网金融天生具备创新性

与世界各地的许多企业一样，中国的投资重点也在不断改进，现在互联网金融产品已经成为很多人的投资重点。

2016年2月，在"余额宝"在线投资服务中，我的朋友晓飞投资了20万元人民币，她的丈夫也投资了几十万元人民币。现在她每天使用手机应用程序定期检查账户，关注她余额宝内资金的稳定增长，因为年利率约为5%。

"利率比银行利率高得多，你还可以用它转账或者支付水电费。它有很多功能。"晓飞这样说。

事实上，我身边的大多数人都抱有这样的想法。余额宝让支付宝和其附属公司阿里巴巴成为金融行业的前沿。而拥有现在的地位，来源于余额宝在互联网投资理财产品领域内的创新。可以说，互联网金融天生就具备创新性，它的每一次改进、每一个产品的推出，都是创新的，都是打破常规的。

支付宝是一家在线支付公司，就是它创造出了"余额宝"这一新产品。阿里巴巴集团长期以来一直以蓬勃发展的电子商务业务而闻名，如今它也宣称自己是全球最大、资本最雄厚的共同基金之一。支付宝吸引了余额宝的资金，然后将其转至天弘资产管理有限公司，该公司51%的股权由阿里巴巴投资。自上市以来，余额宝在6个月内就已经积累了大约4000亿元人民币的资产，成为中国最大的货币市场基金，也是世界上最大的基金。

中国的其他主要科技公司也不甘示弱，迅速推出竞争产品。比如腾讯，作为一家软件和游戏公司，它推出了一款产品，允许其广受欢迎的微信用户，将资金直接投入中国最大的共同基金管理公司——中国资产管理公司旗下的一只基金。运营着新浪微博的新浪和运营中国最大搜索引擎的百度，都与基金公司合作推出了类似的产品，其他互联网公司以及传统银行也在关注该行业。

这就是一个创新点带动的互联网巨头们的关注变化。这些在线投资平台正在改变消费者在中国获取金融产品的方式，不断开拓和改进，创造更广泛更深入的市场。在这一过程中，他们为科技公司开辟了新的商业机会，这些公司看到了他们的用户数量，以及他们获得银行账户繁荣的机会。他们正在改变传统银行的游戏规则，传统银行必须第一次为融资和客户竞争。他们还为监管机构带来了新的挑战，他们必须确保中国的经济稳定不会在经济增长和创新的热潮中牺牲。

但我认为，这样的创新变化是应该有的。稳定不意味着一成不变，过于求稳只会与发展的机会失之交臂。互联网产业本身就是迅速变化的，创新是互联网领域永远不能迈过的一个话题，即便是互联网金融也是如此。只有创新，才是互联网金融的灵魂。

在今天以知识为基础的经济中，主要推动经济增长的不是资本积累，而是创新。过去 15 年，世界经济的主要变化不是因为经济积累了更多的资本来投资更大的钢铁厂或汽车工厂，而是因为创新的互联网技术。举个例子，美国经济发展了广泛的新技术，特别是信息技术，并广泛使用。尽管这些技术需要资本，但资本不是驱动因素，资本也不是短缺的商品，其存在的价值内涵还是创新。

经济增长的主要动力是生产效率和适应效率。如果过去经济学的研究重点是研究社会如何利用稀缺的资源生产有价值的商品和配送不同的人，那么创新就是一门关于社会如何创造新形式的生产、产品和商业模式的新研究，起到了扩大财富和生活质量的目的。

　　创新是目前国家和社会的主要关注点和呼唤点。2006 年全国科学技术大会上，我们确立了建设创新型国家的目标，从此，已有的企业和尚未踏入市场的创业者都需要将创新创业放在第一位，创新成为整个市场上最为火热的名词。提高创新能力，建设一个有创新精神、能够创新的企业，成为无数创业者内心最大的目标，想要做到这一点，就得保证建设一个典型的创新型企业结构。这就像是盖房子之前所搭造的架子一样，架子的雏形直接决定了房子的结构和形态，创新型的结构是否能建设好，直接决定之后的企业和商家能否走上健康的创新之路。

　　所以，互联网金融的创新性是顺应时代的，是绝对符合发展趋势的。正是因为互联网金融领域的创新，人们才能享受到更加全方位和贴心

赵春林和中国决策科学院副院长李新政教授出席大连诺贝尔论坛

的服务。比如，在过去，中国有一个庞大而封闭的金融市场，许多中产阶级都无法获得投资机会。但是互联网金融改变了这个状态，它有一个充满活力的技术部门，它由独特的定位来弥合这一差距。

比如晓飞夫妻，就展示了余额宝及其竞争产品最引人注目的一个方面——它对中国各地的人都有吸引力，从每月几千元人民币的收入到年收入超过100万人民币的人，都愿意将自己的钱投资在这上面。

为什么？首先是因为这些在线服务很容易使用和访问，大多数用户通过智能手机就可以管理他们的资金，这种投资可以在任何时候被撤销或转移，而不仅仅是在8小时的营业时间内。这意味着客户不再需要忍受中国传统银行著名的"慢"服务。

另外，这些平台也有很高的提款限制，而且没有最低投资要求，余额宝用户可以在任何地方投资1～100万元人民币，而传统银行的许多投资产品的最低投资额为1000元人民币。

余额宝的资金可以在任何接受支付宝的地方支付，支付宝是中国最大的第三方在线支付提供商。而且，这些服务的用户也可以期望得到比传统储蓄账户更高的回报，常年保持在年化收益5%左右。

你会发现，这些特点让在线投资平台的回报更类似于中国新一代理财产品。阿里巴巴的余额宝说，它通过投资包括现金、短期商业票据、银行存款、短期债券、央行票据、债券、资产支持证券和货币市场基金等产品来产生这些回报。

这些服务的典型用户差别很大，但许多年轻人和技术娴熟的人都认为，通过手机比在银行排队更舒服。根据支付宝的数据，余额宝4900万用户的平均年龄为28岁，但总体上投资者最多的年龄是23岁。

而且，中国的电子商务行业并不是严格意义上的城市现象——在中国广阔而不发达的内部，电子商务已经成为农村居民获得梦寐以求的产品的一种方式。还有越来越多的老年人开始习惯数字化，甚至我的父母也在使用网上银行和微信。

这些都是创新的变化，不仅跟过去完全不同，还跟西方社会也有一定差异。除此之外，在中国，融资渠道通常仅限于人脉广泛、人脉深厚的个人和企业，而网络投资平台的崛起，正给中国社会更广泛的机会进入金融体系。运营一个数字平台的成本要低得多，这意味着互联网公司可以为那些曾经被银行忽视的消费者提供投资服务，就像低收入阶层或农村地区的消费者一样。"它满足了一个巨大的未满足的需求，"我所认识的中国银行的一位高管曾说，"银行没有一个合理的商业模式来为这类人服务，因为成本太高了。"

这些变化都可以称之为互联网金融的创新。我们有理由相信，在未来，互联网金融领域的创新只会越来越多，而我期待着这一天。

互联网让金融运营去中心化

你还记得20世纪90年代吗？每个人都在谈论互联网和它的潜力，关于生活改变的时刻，关于颠覆，但没有人能想象什么是可能的。今天，我们的生活发生了根本性的改变。每个人都在到处交流，新的商业模式出现了，互联网平台让金融领域产生了巨大的变化。

其中，去中心化的趋势是相当显著而且重要的，这是互联网给金融业带来的积极影响。

在讲述"去中心化"这个概念之前，我们先来了解一下什么是金融活动中的"中心化"。在传统的交易里，交易过程中除了买卖双方，往往还会牵扯到第三方，很多时候都是大量的交易围绕着第三方进行的，这就是中心化的表现。比如我们在市场上购买商品，卖家与买家之间的交易重心既不在卖方也不在买方，而是围绕着市场这个平台，这就是市场交易的中心化。还有一些模式，则是在投资领域里由一个龙头带领其他小企业一起进行金融活动，这也是一种中心化的表现。

中心化让交易的过程变得更加复杂，不够纯粹。简单的交易往往要牵扯很多角色与内容，这就耗费了资源。而且交易过程中，还需要向第三方提供交易信息，显得安全性不足。在互联网金融的快速发展之下，这种模式越来越多地被人们所摒弃，人们开始寻找去中心化的经济活动模式。

在去中心化的结构里，一个系统拥有大量用户，每个用户或者操作都可以成为一个节点，不同的节点之间还可以相互影响。这种情况下，交易活动没有围绕着一个中心进行，可以说每个用户都是中心，每个中心都能互相影响。这种结构是灵活扁平的，更是开源而安全的。在互联网金融技术的不断发展之下，去中心化的这种模式越来越典型。

互联网金融之所以可以达成金融活动中的去中心化，是因为区块链技术的发展。区块链是数字货币比特币背后的技术，是一种超级复杂的分布式分类账。它能跟踪成千上万个不同的电脑上的东西，相互协调。最简单的说法是，区块链协议是一个加密安全的消息传递系统，并在共享数据库中进行记录。这些系统协同工作，能够在不需要任何单一实体的情况下，对交易进行安全的记录、验证和确认。

随着区块链的发展，我们将会得到一个自动化信任和验证的系统，而不是单纯通过互联网将信息和内容放到网上。我们现在依靠的是会计师、银行、律师和政府的信息来判断，未来人们则能够知道，任何关于区块链的东西——土地权利、金钱、契约，都是真实客观的，不需要借助别的机构，就能判断资产的情况。

如今，这种区块链技术下的去中心化发展，最典型的就是关于银行业务的，也有一些去中心化的平台模式，比如滴滴打车和 Airbnb，这样的平台区块链有可能消除中介体，让第三方中介系统不复存在，实现人与人之间的扁平化交易。

其他一些有趣的商业概念是关于所有权，或者重新定义公平贸易的价值链。有些软件支持"智能合同"，可以自动验证一项工作是否已经完成，并在没有中间人的情况下进行支付、达成交易。一些保险公司甚至努力利用区块链技术作为提供自动支付的机制，尤其是在 P2P 保险领域，智能合同可以确保支付的准确和有效。

在互联网＋时代，去中心化已经成为一个不可逆转的趋势。虽然说，金融产业也有"合久必分，分久必合"之势，但目前这个阶段还是从中心化向去中心化过渡的状态。去中心化是互联网活动的一个特点，因为互联网平台上大量的自由信息，让身处其中的人都处在开源、扁平和灵活的环境中，必然会面临更多的机会和选择，也必然可以脱离中心进行自由的经济活动。至少现在，人们想要做一笔交易时，不必再选择特定的几个市场，甚至可以在社区、贴吧、网页、论坛等任何地方发布一条留言，就能找到自己的合作者。这就是一种去中心化的表现。在互联网的世界里，只要给我们一个信息交流的地方，就一切都可能发生。

既然如此，我们为什么还需要依赖一个中心呢？所以，互联网金融呈现出百花齐放的状态，是一种围绕着去中心化产生的趋势。当然，也有很多互联网经济表现出"中心化"的倾向，比如当一个平台开始做大，开始吸引市场中超过一半的份额，这就是一种新的、虚拟市场上的中心化。不过跟传统的交易市场相比，这样重构在互联网中的中心化市场，显然性质又有所不同。它身上还带有互联网的灵活性与扁平性，而且这种中心化也不是时刻存在的，随时可能面临颠覆。

市场不断变化，中心不断改变，这将是互联网金融市场上去中心化的另一种体现，不是吗？所以说，互联网金融带来的一大变革，就是淡化了第三方机构的存在性，用技术手段解决了中心化带来的若干问题，让交易可以更开放地在市场中进行。

互联网金融的优势所在

在互联网时代，金融活动搬上网络当然有其原因，自然是因为借助于互联网，金融活动可以更好地发挥其优势，将经济活动的效益扩展到最大化。

互联网金融让金融中介可以更好地发挥自己的专业性，也能淡化它们在某些不必要的环节中的参与度，让金融活动去中介化，让中介机构精简地、完美地发挥出自己在经济活动中最重要的功能。

借助互联网金融，机构可以更好地运营，这就是重要的优势之一。首先，互联网金融机构有特殊的技术降低交易成本。其次，互联网金

赵春林和中国地产大咖潘石屹研究中国地产
发展趋势

融机构对信息的处理能力更强，可以减轻操作者的逆向选择的风险，减少信息不对称的情况。传统上，有两种类型的金融中介机构——商业银行（间接融资）、证券市场（直接融资）。在这些金融机构中，金融活动往往着眼于重要的资源配置以促进经济增长，也带来巨大的成本。但基于互联网的技术、移动支付、社交网络、搜索引擎云计算等新技术，我们可以通过商业银行、证券市场，以第三种方式开展金融活动，我们就称之为"互联网金融"。

在过去的 10 年里，类似的互联网模式出现在了许多地方，比如书店、音乐零售销售等各种行业。你会发现，实体书店在网上书店的竞争下破产了，MP3 音乐共享网站在互联网金融下重塑，移动支付有效整合了中央支付系统管理中央银行，信息处理风险评估高度透明，债券在网上顺利发行……市场的高效率让人震惊，这都是互联网金融模式下的影响。

此外，互联网金融的资源配置效率大大降低了交易成本。更重要的是，在互联网金融的基础上，现代金融行业的互联网技术在不断发展，公司一般都在网上进行各种金融交易。通过技术平台，复杂的工作得到了简化，降低了风险和期限，使用更容易。

互联网金融更民主，而不是专业精英的一言堂。互联网金融初生阶段的发展已经过去了，目前，互联网金融领域最突出的例子包括移动银行、点对点（P2P）贷款等稳步发展。互联网金融为政府提供了机遇，因为互联网金融可以为中小企业提供融资，促进信息融资的日益普及。

关于互联网金融的优势，我们的研究重点是其三大支柱。第一支柱是支付依据。支付能力的基础设施在金融系统中非常重要，极大地影响了财务活动。第二个支柱是信息处理。信息对金融活动资源配置起到决定性作用，你会发现比如亚马逊、淘宝网等严重侵蚀了传统零售业，就是因为借助信息平台，资源配置可以得到最大化，这一点比传统市场要有更多的优势。第三大支柱则是资源分配上的优势。互联网技术能够提高分配效率，机构提供大量资金用于改善资源分配能力，这是与传统金融模式不同的。

同时，移动支付的快速发展也让互联网金融市场得到了显著的增长。移动通信技术，尤其是在人群中有高渗透度的智能手机、平板电脑，都是其主力。根据数据显示，移动支付从 2012 年开始，每年达到 1059 亿美元，在过去的 5 年里实现了 6169 亿美元的移动支付。同时，4G 技术、互联网移动通信网络等技术的支持，越来越多地集成了其他有线电话、无线电视网络的未来，保障了移动支付的顺利进行。

互联网金融中，将移动支付进一步结合信用卡，就可以达成网上银行业务。方便的安全软件认证身份，移动支付小笔付款，让人们在公司、生活中支付费用变得很方便，完全取代了支付票据。云计算确保了移动支付过程中需要的计算能力，因为尽管智能手机越来越智能，但移动通信设备无法满足 PC 存储容量的计算速度，而云计算可以克服移动通信终端的转移存储计算。

在互联网金融的基础上，支付系统有下面几个特点，都是相对于以往的优势。第一，所有人都开设账户支付中心，这本身就是一种信息资源。第二，通过移动互联网网络传输，非常便捷快速。第三，支付电子化，极大限度地消除现金流通。第四，变化也体现在中央银行等银行体系的存款账户上，让货币政策从根本上发生了变化。

与商业银行、证券化市场相比较，互联网金融有不同的信息处理方式。第一，社交网络传播信息，尤其是传播那些经济活动中没有披露义务的客户信息。第二，强大的搜索引擎结构，序列索引信息缓解超载问题。第三，云计算保证了快速处理能力。因此，云计算的总体情况是，信息资源的多样性分布在社交网络上，集中搜索引擎的动态信息序列。有了这些处理过的信息，在对资金需求者进行评估时，只要付出极低的代价就可以了。

可以说，云计算采用大量共享计算，让任务具有可扩展性，备份数据让容错率上升，产生巨大的计算能力存储空间。云计算有助于大众信息搜索引擎的社会搜索。这样，互联网金融能够产生的好处就越来越多，在金融市场上的优势就非常明显了。

边际成本低，利好小资金用户

对金融市场而言，"边际成本"是一个一定要考虑在内的重要成本。有时候，就是因为边际成本让金融活动束手束脚，无法融合更多资金、服务更多用户，所以导致很多服务难以推广。但是在互联网金融爆发的当下，边际成本问题似乎得到了极大限度上的解决。

我们先来了解一下什么是边际成本。在经济学中，边际成本是当产量增加一个单位时所产生的机会成本的变化，也就是说，生产一种商品的成本是在不断变化的。从直觉上说，每一种生产水平的边际成本包括生产下一个单位所需额外投入的成本。在考虑生产和时间的每一阶段，边际成本包括与生产水平不同的所有成本，而其他不随产量变化的成本则被认为是固定的。

例如，生产汽车的边际成本通常包括额外的汽车所需的劳动力和零件的成本，而不是已经发生的工厂的固定成本。在实践中，边际成本分析可以分成两种，分别是短期和长期的成本（包括固定成本）在边际成本的衬托下，都变得无足轻重。

举个简单的例子，如果你的工厂购买了 30 万元的仪器设备用来生产衣服，这就是固定成本。最开始固定成本是占比例最大的，但是伴随着你的生产越来越多，在原材料、人工等方面投入的成本越来越多，器材成本就变得无足轻重了。

在这种情况下，我们就要考虑边际成本。有时候，以固定价格生产 1000 件服装可能是赚钱的，但生产 10000 件却不一定赚钱，因为你要考虑到多招工、加大生产投入，有可能平摊下来导致成本增高、利润降低。所以很多厂家没有能力去接大的单子，就是因为边际成本太高了，不是做得越大就越赚钱。

边际成本理论的重要意义在于边际私有成本与社会成本之间的区别。边际私有成本显示了与该公司相关的成本，这是企业决策者在利润最大化目标中使用的边际私有成本。边际社会成本与私有成本类似，其中包括私人企业的成本，也包括与购买或销售该产品没有直接联系的各方的任何其他成本（或抵消收益）。它包含了生产和消费的所有负性和正外部性。举例来说，可能包括来自影响第三方的空气污染的社会成本，也可能包括保护他人免受感染的流感疫苗的社会效益。

外部性是经济交易双方不承担的成本。例如，生产者可以污染环境，而其他生产者则可能承担这些费用。消费者可以消费对社会有益的商品，例如教育，但也同样可以消耗对社会无益的商品，比如一个人可能是吸烟者或酒鬼，并将成本强加于他人。在这些情况下，生产或消费的问题可能与最佳水平不同，需要进行适当的计算才能发现成本的变化。

在传统的经济活动中，很大程度上，私人和社会成本并不是相互背离的，但有时社会成本可能大于或低于私人成本。当生产的边际社会成本大于私有成本函数时，我们看到了生产的负外部性的出现，造成污染的生产过程是生产负外部性的教科书范例。也许造成污染的生产本身是可以带来更多收益的，但对环境的污染却造成了几倍的负面影响，让社会成本远远高于生产所得到的收益本身。在这种情况下，我们看到社会生产成本的增加创造了一个社会成本曲线，它描述的成本比私人成本曲线更大。

在一个均衡的状态下，我们看到市场产生负外部性的生产将会过度生产。因此，社会最优生产水平将低于所观察到的水平。

所以，金融活动中我们非常重视边际成本的存在。正是因此，大多数金融传统机构对中小客户都不是非常重视，因为处理这些客户的存贷款业务，由于数额较少，给金融机构带来的收益远远小于服务于他们所耗费的精力和时间。所以，中小客户和大客户在银行中的待遇可以说是天壤之别，大客户更容易让这些金融机构花费更多时间、用更多精力去服务。

很简单，就是因为服务于这些大客户所产生的边际成本与中小型客户差不多，但是收益却差别很大，为什么不选择更好的呢？

但这并不是一个公平的好状况。而互联网金融的存在，用数据分析技术解决了在金融行业最重要的一个问题，那就是边际成本。互联网金融可以说塑造了一个绝对的"轻成本"平台，甚至几乎能够达到零边际成本，要做到这一点跟技术的发展是绝对分不开的。

举个简单的例子，当你选择在网络投资平台上投资，如"蚂蚁财富"这样的基金平台上时，会发现很多基金的起投价格是10元。这是什么概念？在银行中，一个好的基金起投的价格能够达到几万，而且还是普通客户难以摸到的门槛，即便有钱也可能无法加入。基金经理不可能为了几百、几千元的投资就在客户身上浪费太多精力，这是一种巨大的成本浪费。

但是互联网及金融平台不同，这里的基金投资全部都是自主化的，平台提供的智能服务已经可以让客户自己选择是否投资了，整个投资过程也得到了简化，即使没有基金经理的参与也一样可以完成。在这个情况下，1个客户、100个客户，其实都是一样的。

这就是边际成本最小化的一种体现。专业的从业人员可以省下大量的时间，选择投入更需要他们的地方，比如对投资的分析等，不需要在多余的事情上浪费精力，也省下了很多成本。所以，边际成本减少之后，就降低了准入门槛，让过去高级客户可以享受到的服务进入了每个人生活中，这种金融活动中的平等与透明是在过去难以想象的。

所以，这是一种对中小资金用户和企业的一种利好，可以帮助他们更好地在资本、投资市场上找到自己的定位。零边际成本一旦能够实现，也必然是在互联网金融发展到极致的情况下，它才是解决金融业边际成本问题的最佳办法。

大数据与云服务，
互联网与金融结合的新技术

在互联网与金融结合的过程中，大数据和云服务的存在绝对是无法忽视的。可以说，在大数据的支持下才有了云服务系统，有了云服务，互联网金融平台才能搭建起来，互联网金融才能够服务于每一个用户，这些新技术对互联网金融的影响是非常大的。

云服务与大数据有着密切的关系。可以说，大数据的存在是为了应用，就是为了服务用户，所以云服务将成为一种重要的服务模式。

　　要在互联网金融产业当中实现大数据的云服务技术，需要三个过程来完成，首先是大数据收集，然后是数据分析，最后是大数据应用。大数据的应用是用户导向的，始终围绕着用户的需求在进行，这一点前面我们也已经说过了。在这个过程中，云服务将占据重要的位置。大多数时候，由于云计算能力很强，人们选择将数据存储在云中，直接提取计算和应用，在这种情况下，云和大数据是不可分割的。所以我们说，在大数据的应用中，数据不仅是一种信息，也是一种服务。

　　尤其是在这个阶段，互联网金融的云服务和大数据技术已经发展成熟了，你会发现有无数的大数据云服务案例，这两个概念之间有着紧密的联系和巨大的交集。事实上，目前与大数据相关的大多数云服务都是公共云，而私有云与大数据之间的关系并不那么密切。然而，这并不能阻止我们使用大数据计算来处理云服务器上的大量工作，这

赵春林接受美国大学荣誉博士证书

两个概念之间的联系不能被忽略和否定。要知道，只有先将金融业的用户信息储存在云服务器上，将其汇总，大数据技术才能高效地分析出结果，所以这两个技术在互联网金融领域的应用都是不能少的。

大部分的金融机构所采用的都是公共云，有些金融机构选择跟阿里云、百度云等合作，就是在利用他们打造的云服务器。从公共云的角度来说，通过使用大数据来计算，本地化比直接部署更方便，大数据模型可以获得更多的信息，通过对这些复杂信息的参考，公共云的部署可以更加完美。可以说，大数据驱动的公共云，已经实现了不同平台之间的信息交换，如果只局限于本地信息，参考数据较少，结论就会缺少权威性和规范性。

因此，在云服务中存储和计算大数据已经成为一种常见现象，在不同的应用中都可以看到它的典型例子。

在为企业服务云平台上，当一个企业云应用程序承载自己的事务数据，即使中小企业可以迅速积累一个巨大的数据集，这些数据集如果放在本地存储备份，也是一个非常庞大、难以厘清的数据集。在最好的情况下，企业可以在数据中查询历史记录，但同样因为复杂和庞大的数据，你很难找到管理规则，所以数据应用于企业管理是很麻烦的。而对云应用的管理则不同，当数据积累成为大数据集时，提供云服务平台将对这些数据进行应用分析，协助企业对客户服务措施进行改革，对企业管理模式进行优化，以避免造成这种情况。这也是为什么大量传统的金融机构也开始跟云服务平台合作，而不是自己建立大数据平台的原因。因为缺乏足够的技术和数据计算能力，让他们要么没有机会得到数据，要么难以处理庞大的数据。

对金融机构而言，解决客户流失问题才是主要矛盾。对那些小企业来说，他们没有能力处理大数据，也很难进行数据管理或者其他特殊的大数据业务，就会选择使用公共云平台来实现企业的改革，其意义是非常巨大的。相比之下，大公司通常有自己的私有云，单个企业生产的数据足以让他们建立一个特殊的数据分析部门，而在公共云上提供服务，因此变得不那么必要了。

这就是为什么互联网公司总能快速推出互联网金融产品的原因，他们在技术上已经有了充分的积累，平台搭建也很容易，更有强大的用户支撑，所以即便是去做金融业的事情，他们也能做得比职业机构还好。

无论是公共的还是私有的，大数据的目的是服务和应用，所以发展的方向是一致的。当你接触的数据量已经通过其他大数据标准，在当地处理这些数据，将是一个非常复杂的过程，这个时候在云平台的帮助下变得简单得多，所以云服务也可以帮助我们处理数据。我们可以通过对现有的海量数据的比较，找到我们感兴趣的部分，并提取其通用的特点，不仅可以总结现有的状况，也可以达到准确预测的目的。

这就是互联网金融在风控上的强大之处，不仅可以对过去的数据进行分析，还能理性地通过算法来预测出未来可能出现的金融变动，所以风险就可以得到更全面的把控。

其实，云服务和大数据的技术介入，给互联网和金融两个产业带来的不应该是恐慌，而是无限光明的未来。因为他们拥有不同类型的技术，如果能在一起合作，必然能迎来光明前景。对于有大量数据的公司，可以通过建设云服务系统，帮助处理更多的数据，达到让云平台在大数据中服务的目的，然后与金融机构合作，得到专业的数据服务意见，将数据转变成有价值的金融信息；对于金融机构来说，在没有大数据分析技术的情况下，很难进一步优化服务，而且自身获得的数据量也不够，与拥有云服务平台的互联网公司合作，就意味着拥有了海量数据，这无疑是一种新的双赢方式，不仅可以提高数据处理的效率，还能发掘出数据内部的价值。

所以，在目前的互联网金融产业中，你会发现互联网企业正在传统金融领域寻求合作，而传统金融中有意识的机构也在转变风格，进入"互联网＋"模式，这就是技术上的深入合作。

新行业同样具备新风险

近年来，随着大数据、云计算、移动互联网的飞速发展和物联网技术的飞速发展，人类社会正步入云时代。金融产业的经济活动变得复杂化，一方面，传统金融行业正面临着严峻而复杂的挑战，人们普遍关注的是新的互联网金融模式；另一方面，互联网和金融业的共生融合创立互联网银行，发展起来越来越有生命力。

中国是互联网银行最活跃的国家之一，其参与范围广、影响力大、渗透力强，使其他国家都难以望其项背。中国互联网银行的发展，到目前为止已经经历了三个阶段。

第一阶段是在 2005 年之前，当时的互联网与金融仅仅是初步合作，金融机构有进入互联网的趋势，于是互联网产业为金融机构提供一定的技术支持，帮助银行快速将其业务转移到网上，但是这只是一种初步的转移，甚至还没有出现真正的网上银行模式。

第二阶段是 2005 年以后，一直到 2011 年左右，此时中国开始有了网络借贷这个概念，并且人们见证了第三方支付机构的出现与发展，真正的互联网金融产业开始出现了。这不仅仅是线下服务简单搬运到线上，还是互联网与金融从技术到业务的深度融合与合作。这一阶段有一个典型的、鼓舞人心的时间，就是在 2011 年，人民银行宣布开始正式颁发第三方支付许可证，从此以后第三方支付进入了正轨。

这意味着第三方支付机构的发展将会得到国家的监管，但监管也意味着官方的承认与支持，从此第三方支付机构开始大规模出现。

最后就是第三阶段，从 2012 年到现在，一个重要的新产物就是 P2P 网络信贷平台的出现，互联网金融开始发展公共融资平台。除此之外，一些保险公司和银行也开始进入互联网金融行业中，借助于网络，进行了充分的业务模式重组和改革，进而建设起创新的在线平台，提供具有互联网特色的特殊产品。从此，网上银行的发展进入一个新的阶段。

由此可见，互联网金融产业还很年轻，而且生机勃勃，未来前途光明。但是，任何一个新行业的出现都伴随着风险，我们在看到互联网金融优越性的同时，也应该加强对互联网金融风险性的判断，并采取有效措施预防，以免出现问题难以应对，从而保护互联网金融蓬勃发展的势头。

比如，随着越来越多的消费者开始接受在线投资，他们的资金和在线投资基金开始接近市场的极限，一些基金可能面临越来越大的违约风险。像支付宝（Alipay）和天弘资产管理等公司没有管理此类巨额资金的经验，安全对在线基金来说是一个巨大的挑战，比如所有的互联网服务都容易出现个人信息的盗窃。

如果他们真的达到了他们对这种大产品的管理能力的极限，不能保证回报率或他们的技术有问题，那么这对投资者来说可能是一场灾难。

中国工商银行在 2016 年的 1 月底推出的一项在线基金，就出现了备受瞩目的违约情况，没有达到承诺的回报，这加剧了人们对这些投资的担忧。然而，许多中国消费者似乎并不十分清楚在线投资产品的潜在风险。随着市场越来越饱和，网络公司竞相吸引越来越高的收益率，违约风险可能会增加。在线公司可能会从他们自己的口袋里填塞顾客的回报，但他们并没有明确地保证：如果发生违约，不清楚谁将最终支付账单。

尽管消费者清楚地理解并欣赏基于互联网的投资带来的高回报，但人们对可能出现的问题的意识并不那么强，因为还没有看到这些公司出现违约。但如果在线投资产品出现违约，这种情况可能会发生改变。

监管的缺失是造成这些担忧的重要原因。在新兴的互联网金融产业，每个新的尝试都意味着千万或者亿级别的资金流动，更需要严格的监管。好在，政府目前正在密切关注该行业。中国央行正在领导政府制订专门针对在线投资产品的规定，去年3月，李克强也表示政府打算支持网络融资，但也将密切关注该行业。

政府规定的范围可能会为放松对传统银行体系的限制提供一些线索。通过让市场力量发挥更突出的作用，监管机构可以向许多普通的中国人和中小企业提供融资，这可能有助于培育一种中国可以持续几十年的新增长来源。

然而，如此多的新用户倾向于这些较高的利率产品，也可能在未来几年对传统银行体系构成挑战，可能会危及这一过程的经济增长。作为向金融体系注入资金的杠杆，银行体系在确保中国经济增长方面发挥了关键作用。监管机构将不得不在鼓励行业发展和降低风险之间取得谨慎的平衡。

也许我们可以强调银行和科技公司之间的合作关系，而不是激烈的竞争。银行和科技公司应该利用彼此的优势：科技行业创新和获取新客户的能力，以及银行业长期以来的基金管理经验，而不是努力引入更高的利率，使贷款变得无利可图，并将偿债能力置于风险之中。

对于消费者来说，他们应该利用新的投资机会，但要意识到，市场决定融资的新时代带来的风险与中国的旧秩序完全不同。要知道，哪里有高回报，就意味着哪里有高风险，这是成比例的，消费者绝不能忽略这个问题。

风险都是存在的，我们应该引起重视，并且充分意识到这些风险是可以消除的，只要有足够的监管和法规，就能得到解决。

确保互联网金融更安全

既然互联网金融存在一定的风险性，我们就应该提前发现，做到提前预防，避免风险出现之后再进行补救。互联网金融行业存在的问题，大多数都是监管力度不足和法律法规建设不到位导致的，会出现这个问题也是可以理解的，毕竟互联网金融出现发展的时间比较短暂，不像其他传统的行业已经经过了长期的锤炼，人们早就在发现问题和解决问题的过程中，将行业规范制定得更完善。我们现在正处于互联网金融探索磨砺的阶段，所以，遇到问题是正常的，面对监管不足，法律法规不够充分全面的情况，更应该积极地应对，并且拿出有针对性的解决办法，这样才能算是在砥砺中不断前进，在未来才能够收获一个更加繁荣的行业。

要加强监管，完善互联网金融行业的法律法规，应该讲究一定的方式方法。就我个人观点，在引入法律法规的过程中，应该按照以下原则进行，这样才能够保证互联网金融既保持自己原有的特色和优势，又建立一个合理合法的市场。

第一，不管是互联网公司，还是传统的金融行业，只要他们在金融这个领域所发展的业务相同或者相似，在监管上就应该遵循一致的法律法规。我们既不能因为互联网行业的灵活性就放松对它的监管，也不能因为互联网金融是一个新生事物，就谨慎或不看好，而过于严格地束缚它的发展。一个合理且客观的判断依据就是，过去传统金融行业受到了怎样的监管，互联网金融行业就应该遵循相同的监管力度。

第二，互联网金融领域提出的信用评价模式，其客观和全面程度，应该达到传统的信用评价要求。为了保障互联网金融在未来更好地发展，我们应该对互联网上的信用评价模式给予更多期望，所以，要确保它能够在将来成为可靠的信用评价依据，就必须在判断的过程中更加严格，打造一个值得人们信赖，让人们愿意在交易当中参考的信用评价系统。

第三，互联网金融领域少不了大数据的存在，用户数据可以说是决定互联网金融能否顺利发展的本质和关键。在这个年代，数据已经成为了新的资源，堪比石油和黄金，尤其是在互联网金融这个领域掌握了大数据，掌握了大量的用户，即掌握了一切，在这种情况下，想要让整个行业得到蓬勃的发展，就不能敝帚自珍，在行业内部建立一个不同企业之间的数据交换体系，

可以让企业与企业之间实现数据共享，这样不仅能够减少许多无谓的工作，而且还可以在合作当中共同进步，更重要的是也减少了用户的无谓劳动。当他们的数据在不同的平台下，得到的分析结果是一样的，他们就不会出现申请一次贷款被拒绝，却又转投到另一个平台，进行重复无用劳动。

第四，在监管和领导层面上，应该对第三方个人信用体系给予更多的信任。只有得到来自官方的支持，第三方信用体系的建设才能够更加完备，同时，将信用违约的惩罚加重，保障信息的安全和真实性，降低经济活动当中的信用风险，让借贷市场实现健康安全的发展。我

们可以在法律上，对信用真实性进行一定的要求，这样可以让互联网金融平台更加安全。

为了保障投资者的合理利益，应该建立一个严格且规范化的信息披露制度，保障市场透明，可以让交易在一个信息平等的环境下进行，避免泄露投资者的重要信息。

第五，一定要加强对于互联网金融经济活动当中的法律法规建设，做到完善及时。对于法律法规的建设而言，周期漫长是正常的事，一项规定一条法律的设定，可能关乎千千万万人的生活，任何一个漏洞出现，都有可能被人钻了空子，这就违背了法律的威严和效力。然而互联网的特性，让它格外灵活，市场千变万化，随时都可能出现不确定的事件。这就导致，法律法规往往跟不上互联网的发展，在互联网金融领域，尤其是如此。在这种情况下，法律法规的建设不仅要完善，方方面面都考虑到，还应该不断补充，随着市场的变化而修改完善。只有这样才可以尽可能地适应变化多端的市场，保障不会在互联网金融市场发展的过程中，出现新的问题，引起市场的动荡，降低资金投资的安全性。

能够做到以上这些，我相信互联网金融的可靠性已经能够得到保障了。每一个行业都不可能有那么完备的监控措施，只要能够在每个阶段加强监控，完善法律法规，以积极的态度应对互联网金融市场的变化和发展，就能够保障这个市场健康地走下去。

第六章

塑造 P2P 新金融架构

P2P 网络借贷：与传统不同

有时我们在需要钱的时候就没有钱，这一点也不好。点对点（P2P）借贷是一种天才的借贷方式，不涉及那些难以申请到借贷的银行。与传统的银行贷款不同，点对点贷款匹配那些有闲钱的人借钱给那些想要借钱的人，在这个过程中，可以说是共享万岁。

共享式的 P2P 网络借贷，现如今非常火爆。它符合共享经济的需求，是一种致力于实现全民富裕的资金共享。

共享经济的本质就是围绕着这两个词进行诠释的——过剩和紧缺。将一部分人的过剩资源分享给另一部分有紧缺需求的人，达到资源的更高效平衡流转，这就是共享经济的内涵。在这个再平衡的过程中，过剩资源和紧缺需求是相对的，有一部分人所拥有的资源过剩，使用的资源与其占有的资源不成比例，也必然会有一部分人的紧缺需求得不到满足，需要的资源和所占有的资源不相符。出现这种问题，是因为资源在市场上的分配与流动，不可能符合每个人的需求，总会有一些人在某些方面所占资源过多，有些人占有的过少。如果从个人推及行业，就导致一些行业出现了产能过剩问题，这也是现在国家致力于改革的重点问题之一。共享经济的出现就可以针对性地解决它，既然某些行业的产能过剩，完全可以通过合理的再分配，将这些产品分配到需要的人手中。在此过程中，我们需要一个平台，保证资源可以更加合理地高效流转，于是共享平台就出现了，共享经济也就这样建立起来了。

P2P 就是一个点对点的资金共享平台。在这里，资金上紧缺的人可以申请到贷款，而有趣的是，他的贷款不是银行支付的，而是另外一

赵春林获得中国长城创新人物

些有闲钱的人。同样，当他需要还贷款的时候，就得将一部分相应的利息还给这些愿意借贷的人。

对贷款者来说，这个模式很简单；对出借方来说，他们的闲钱也可以完成像银行一样地投资，从中获取利息，这是一个双赢的结果。

P2P 借贷不适合三种传统的金融机构——存款接受者，投资者，保险公司，有时被归类为另类金融服务。我们可以看一下 P2P 贷款的几个判断依据，来确定什么才叫"P2P 借贷"。

P2P 借贷是出借方为了获得利息而进行的投资活动，出借人与出借人之间没有共同债券或其他联系，他们可以是单独的投资，只是有可能恰好借给了同一个贷款者。这个借贷活动是以 P2P 借贷公司为中介。在网上发生的交易，这些贷款可以无担保，通常不受政府保险的保护，但可能有银行或者保险公司的支持。贷款是可以转让给他人的证券，无论是用于债务收集还是利润，但并非所有的 P2P 平台都提供转账设施或免费的定价选择，而且成本可能非常高，占售出金额的百分之十几。

看到这里你会发现，互联网的出现和电子商务可以废除传统的金融中介机构，人们可以进入一个规范的、被约束的自由借贷平台上。事实上，新媒介的出现已经被证明是时间和成本节约。向不熟悉的贷款机构和借贷者推广这些服务，会带来新的机遇。

如果你选择了 P2P 网络借贷，可以从中获得什么服务呢？这些服务简单来说都是"贷款"与"借款"的活动，但我们细分之下，还可以看到很多细致的内容。

比如，在线投资平台使借款人能够吸引出借人和投资者来识别和购买符合其投资标准的贷款。这就意味着，P2P 平台需要掌握大量的用户信息，仅仅做到这一点就不是那么容易的一件事，需要大数据技术深入介入。除此之外，P2P 平台还可以做到贷款审批和发展新的信贷定价模式。如果你选择在 P2P 平台上进行借贷活动，可以核实借款人身份、银行账户、就业和收入，平台会对借款人的信用进行检查，筛选不合格的借款人，出借人也可以根据这些情况来选择不同的借款者，自己掌控风险。然后，平台会帮助借款者从出借人那里处理款项，并将这些款项转给借款人。最后，偿还贷款的过程也是平台需要进行的服务，如果借款者试图拖欠或违约，也应该由担保平台来帮助要回属于出借人的金钱和利息。

这是一个涉及大量资金运营的平台，尽管平台自己是没有资金池的，但只要金钱从中流转过，就意味着责任和风险。所以，在行业发展初期，P2P 金融出现了屡见不鲜的平台丑闻，大量监管不足的 P2P 平台在掌握了资金之后，选择跑路，或者因为贷款难以收回导致资金链断裂。而这些问题，在行业的发展过程中已经得到了解决，随着监管的力度加深，P2P 金融逐渐走上正轨，开始发挥出自己原本应有的作用，让金融市场更加多样化。

P2P 金融的新特点

随着网络金融、互联网技术、大数据和用户体验的不断增强，P2P 网络借贷再次引起了公众的热烈讨论。我们认为，2015—2018 年互联网为私人投资者、平台运营商、风险资本投资者、需要融资的公司以及咨询服务、渠道合作和在线营销等平台提供巨大的机遇。未来会是什么样子？只有时间能给出答案。

在互联网金融中，P2P 在线借贷正在引发世人的关注。统计显示，截至 2015 年年初，P2P 在线借贷在中国的总交易量从 2013 年的 87.49 亿元扩大到 3057 亿元，增幅达到 250％。可以说，P2P 在线借贷已经成为银行以外提供个性化融资服务的又一流行平台。

P2P 网络借贷到底是什么？它跟传统模式有什么差别？

首先，只有赢得了移动通信市场，才能赢得 P2P 的天下，这一点与传统借贷不同。统计数据显示，2014 年 6 月，手机网民首次超过使用个人电脑的人数，也就是说，目前有 83.4％以上的中国人通过手机上网。

许多 P2P 借贷者也意识到这一事实。那些没有开发好应用程序的 P2P 贷方迟早会被赶出市场，所以必须始终不遗余力地开发适合消费者的产品，并进行适当的安全检查。手机市场会成为所有 P2P 在线贷款的第二大战场。

P2P 的战场主要集中在大数据金融业务，这也是一个独特的地方。

赵春林接待前联合国秘书长潘基文特使金圣杰先生

大数据时代，我们目睹了三大互联网巨头百度、阿里巴巴和腾讯在中国的出现，应该已经了解到数据的重要性。而目前，全球互联网和手机用户数量最多，数据已经成为新的石油和金矿。

过去，中国的 P2P 在线借贷平台无法充分管理风险，迫切需要一个可靠的信用评级体系。一些银行曾试图建立 O2O 信用体系，以更好地评估申请人的信用。结果表明，P2P 在线贷款机构已经意识到大数据融资，并正在适应这一新趋势。大数据金融已成为未来金融业的必然趋势。借助新技术和大数据，P2P 在线借贷机构会逐步建立自己的风险管理模式，部分借贷机构甚至可能转型为专业信用评级公司。

P2P 行业内的职能细分非常详尽。2014 年，由于 P2P 在线借贷行业尚未成熟，各种 P2P 借贷平台纷纷成立，各自拥有自己的在线借贷模式，其中一部分充当贷款代理人，另一部分提供与平台的合作模式，还有一些人选择了外包模式，等等，他们都急于从 1500 家新成立的在线贷款平台中脱颖而出。

这个趋势被继承了下来，越来越多的贷款模式到位，P2P 贷款行业更加成熟，并进一步细分为几个不同的部门，每个部门都专注于一个特定的领域。而且，第三方垂直门户，垂直搜索服务和互联网货币将不再仅仅是一些梦想。然而，对于大多数贷方而言，他们将继续使用 P2P 模式，以 O2O 为基础对申请人的信用进行评级，并进一步细分为医药、环保、汽车、拍卖、旅游等不同行业。

与传统金融业相比，P2P 在线贷款最能充分利用社交媒体，在线零售平台和搜索引擎的数据，建立自己的数据库，提供更加方便和人性化的金融管理服务。

大多数人倾向于把注意力放在 P2P 在线贷款模式上，但很少有人知道在线贷款机构如何通过市场化或风险最小化提高行业的整体抗风险能力。复制模型是一回事，但管理风险完全是另一回事。

随着新规的出台，一些主要的网上贷款人将不得不考虑风险管理。由于互联网金融仍在蓬勃发展，各家银行都应该认真思考如何提供用户友好的应用程序，并以适当的方式管理风险。

P2P 的创新性让它也格外突出。许多人认为互联网金融是对传统金融体系的颠覆。创新，到底是什么？创新就是颠覆现有的制度，找出一套新的制度。创新是市场经济的核心。创新主要有四个方面，即产品创新，程序创新，渠道创新和结构创新。中国的创新者主要集中在第一方面，而在其他三个方面则失败。P2P 在线借贷生存，创新者应该关注后三个方面。

P2P 与线下银行之间的合作越来越深入。虽然 P2P 在线贷款平台的主要创新者马云更重视用户体验，但银行通常更多地强调安全性。然而，2014 年，银行开始感受到压力，开发"宝"系列理财产品，部分银行甚至与网上银行合作，誓言分享其用户数据。随着银行与网上银行的合作日益加强，金融业将会顺利发展。

越来越多的资本市场投资者开始投资 P2P 在线贷款行业。他们有什么动机？有些人可能对在线贷款的未来感到乐观，正在寻找一块大饼，其他人可能会根据自己的推广业务进行投资，还有一些人可能只是为了提高股价而投资。仅在 2014 年，就有 30 多家在线贷款成功吸引了风险投资。到 2018 年，网络贷款行业将出现更多的风险投资，并购和投资。

除此之外，P2P 也有一些缺点。比如目前，P2P 的风险管理有待加强，所以大多数 P2P 在线借贷平台缺乏适当的风险管理能力。因此，它们更多地作为第三方担保人来吸引投资者。但是，这是以巨额保修费（2%—5%）和融资成本为代价的。也就是说，中国网上银行正放弃 P2P 在线借贷的基础，我们必须承认，只有一个没有担保人的行业才有未来。

但 P2P 独一无二的诸多优势，已经足以让它在这个新生的市场上大放光彩了，未来的发展也必将越来越好，这是毋庸置疑的。

平台是金融架构建设的基础

目前，P2P 借贷在国内非常火爆，这也是互联网经济在金融领域的一种新成果，而它的成功更是有赖于平台。没有平台或者网站，没有足够信任度的平台来担保，人们怎么可能与陌生人之间实现巨额的借贷交易，而且还如此干脆。这样一来，投资者获得了稳定的回报，借款人获得了更具竞争力的利率，这一切都是由平台推动的。

　　如果没有大数据驱动各自的平台，很多服务都是不可能实现的。如果没有一个复杂的应用程序来匹配司机和乘客，滴滴打车就不会有竞争力，出租车司机整天都在四处寻找乘客，而这些服务也同样适用于顾客，大数据只是为他们提供了平台而已。

　　令人好奇的是，这些平台很少是真正的服务提供者，相反，他们充当了推动者，使交易双方可以在更加简单和安全的平台中享受服务、提供服务。他们打破了为许多人开办企业或"副业"的障碍，并使参与这种协作经济变得既容易又有利可图。但如果没有数据和算法来使用，这些都是不可能的。

　　所以，平台是构建金融架构的基础，数据和算法是打造平台的技术支撑，这些缺一不可。

　　互联网金融产业中，借助平台发展的例子有很多，比如滴滴打车和 Airbnb，它们都开发了自己的平台，让服务提供商和用户能够连接各自获得好处。但也有一些公司利用数据和开发平台加入新经济的有趣例子，像国外的 Care.com 这样的网站已经将自由市场提升到了一个新的高度，这个平台专门为儿童和老人提供护理人员。

　　还有的平台专门帮助更传统的自由职业者，比如作家、图形设计师、程序员等与企业主联系，或者帮助企业共享某个办公楼，等等。这些网站所建立的平台使得这些服务与那些寻求服务的人链接起来成为可能。

　　汽车共享服务则让司机可以通过提供安全的方式来找到客户并获得报酬。现在的很多租车公司允许人们在很短的时间内借用汽车，比如一天、几个小时等。而滴滴打车之类的汽车服务，则可以提供灵活的打车选择，让你可以在需要用车的时候随时找到最适合自己的出行方式。

这些平台在运营的过程中，都通过创设环境，让服务者和顾客可以直接连接起来，不必受到中间商、中介的干扰。而双方有了交易活动，平台就可以获得一笔流动资金，用于再投资获得利润。所以，不管这些平台的着力点是什么，提供的服务有哪些，本质上它们还是一个汇集资金的互联网金融平台，只是切入点各不相同而已。

其中，再没有比 P2P 平台融资效果好、融资力度强的了，因为 P2P 平台本身就是为了资金借贷的目的来运营的平台，经手大额资金。所以，搭建平台是决定 P2P 借贷能否成功的关键，如果连用户都没有，怎么运营资金、哪里来的资金可以运营？

个人的发展取决于所站平台的高低，如果没有可以展示自己的平台，再强大的能力也不能发挥；集体的发展更需要平台，合适的平台意味着广阔的资源、丰富的人脉、透明化流通的信息，这些都是决定企业成败的必要因素。尤其是在互联网金融模式下，经济活动就需要借助一个网上平台来完成，所以我们更加需要一个合适的平台。

平台的出现可以帮助我们实现资金的快速调配，对 P2P 借贷来说更具备即时性。互联网上出现的诸多平台都可以成为物资流转的关键依托，尤其是互联网经济的出现，促使大量平台为人们提供服务。人们在平台上就可以实现跨地域的买卖交易，或者从另一个角度上讲是一种对所需资源的互换。

但没有这样的虚拟平台时，人们因为地域所限，很难实现在空间范围内及时的物资调配，比如在某段时间内，某一资源在两地的供需关系正好呈现相反的状况，如果能将此处富余的资源调用到急需资源的另一处，那么两地都能实现新的供需关系平衡，也都能从中获益。

然而这却很难实施。首先是因为地域阻隔，调用资源的成本很高；其次，因为两地之间的信息传达不及时，并不能在同一时间了解到对方的需求。而共享平台的出现就是提供了一个环境，让人们可以在第一时间接触到所要知道的信息。通过对信息的分析，在资源调配上实现优化，保障供需平衡。

一个行业可能会有各个机构，不同的机构之间信息往往是不能及时交流的，这就是数据壁垒，或者说叫作信息孤岛。平台的出现，最大的改变就是让行业的不同机构之间都将自己的信息传达上去，实现数据和信息的共享。专注于这项功能的平台，就是共享信息的平台。

P2P 平台调配的资源就是金钱，在这个平台上，人们可以进行非常频繁的信息交流，了解哪些人需要投资，哪些人需要借款，并且快速了解到对方的基本信息，达成是否交易的决定。这样的一个平台，直接跨过了时空限制，取消了信息壁垒，让一切都变得简单了起来。

由此更可见，平台对于 P2P 金融建设的重要性。

低门槛，冲击传统借贷领域

在中国的金融版图上，一个重要的被低估的部分是由精通互联网的个人投资者组成的，他们的人均存款很少（但总体上是可观的），所以在投资领域，从业者往往对这部分资金是望而兴叹的。

为什么？看得到，却拿不到。不是理财顾问们主动将这些资金拒之门外，而是因为相比于资金的总量，要服务的对象数量也是巨大的数字，这意味着每服务一个用户就会增加边际成本，边际成本太高，并不是一个值得的选择。

这就又回到了我们前面讨论过的问题——如何降低边际成本？从从业者的角度看，我们把这种改进称为"降低边际成本"，然而从个人投资者的角度看，这就是准入门槛是否降低的问题了。

在经济学的竞争理论中，准入门槛或经济壁垒，是一个新进入者必须要付出的代价，而这个市场上的现任者没有或不需要承担。当你的资金、实力到达一种程度，满足了想要进入的投资市场的需求，就相当于迈入了这个准入门槛，可以进入其中。这种方式，保护了金融业不会为边际成本问题困扰，巧妙地避开了与非目标用户之间打交道。

但这对那些有一些闲钱，存款却不多的用户来说，无疑是不公平的。举个例子，假如某种理财产品的准入门槛是一次购入10万元以上，那么对手中有几万元闲置资金、却不够10万元的用户来说，就意味着丧失了这一次在理财中获得收益的机会。而在传统金融机构，准入门槛越高，意味着这个产品的水平越好，运营者愿意投入越多的精力在其中。

P2P的存在，就有效降低了这个准入门槛，很好地解决了人们的痛点问题。在过去，贷款这件事本身就是非常复杂的，必须达到银行的要求，有详尽的收入证明、就业情况调查以及不动产证明等，才有可能贷款成功。如果说用于创业等经济活动，还需要提交自己的方案或者企业的运营报告，即便如此，也不一定能获得银行青睐。这个准入门槛，就是太高了。

而对于想要投资的人来说，自己手中的钱远没有到可以借给别人收利息的程度，但是这笔闲钱也是可以投资出去的，如此该怎么平衡呢？P2P借贷，就给了出借方和借款人同样的低门槛，让他们可以满足自己的需求。

在P2P平台上，对小型贷款的考察不如银行那样严格，只要有足够的偿还能力证明，即便是1万、2万的借款也可以运营，这一点就是银行达不到的了。而对于出借人来说，他们的钱会集中起来由平台统一进行投资，所以10元起投、100元起投的情况比比皆是。这就是前

赵春林率领投消者团队考察科尔沁草原并举办互联网 + 高峰论坛

所未有的低门槛。

大量的互联网金融产品都有这样的低门槛效应，比如著名的余额宝。它虽然不是 P2P 平台，却也在侧面验证了低门槛投资对传统金融业带来的冲击。

2013 年 6 月，阿里巴巴通过旗下子公司支付宝（Alipay）推出了余额宝。支付宝本身是中国最大的第三方平台。支付宝与中国天弘基金合作，向公众推出该产品，并见证了其用户基数的迅速增长：在推出后的 6 个月里，它获得了 4900 万用户，超过 2500 亿元。这一数额可与世界第七大基金公司富达投资监管的规模相媲美，几乎相当于自裕宝成立以来中国新家庭和企业存款的五分之一。

余额宝成功最重要的因素，就是产品的准入门槛很低。通过其极低的阈值——1 元起投，普通小规模投资者可以有效地参与一个大的投资工具。相比之下，中国银行提供的大多数理财产品都需要至少 5 万元人民币投资。该产品的参与性使它成为一个很有前途的工具，可以使中国的中产阶级青年群体更大程度地融入其中，这本身就是实现中国政府将其经济从投资驱动的等式转变为消费驱动型的目标的重要组成部分。此外，余额宝允许客户在任何时候提取资金，提供资金流动性，这对个人投资者的流动性需求极为有利。

余额宝的成功背后的第二个最重要的因素是交易成本最小化。支付宝使用的电子商务平台通过应用在线基础设施来简化投资交易，从而将每次操作的成本降至最低。现有的银行忽略了这一点，主要是因为向这些用户提供服务的成本过高，而且每个用户的个人钱包的规模都很小。然而，通过将这些人的所有资产集中起来，每个人的人均交易成本可以忽略不计，这就是降低了边际成本，而余额宝已经做到了，并形成了一个经济有效的规模。此外，通过现有的电子商务用户基础和已经安装的基础设施，余额宝在财富管理创新背景下，通过使用现有的电子商务工具，真正实现了协同效应。随着阿里巴巴将其消费者购买模式的数据应用于其投资模式，可能会实现进一步的协同效应。

以上不仅仅是余额宝带来的效应，也是大量 P2P 产品能够推广并冲击传统市场的原因。在这个互联网金融发展的时代，降低边际成本，降低准入门槛，已经势在必行。

大数据决定 P2P 信贷配给

除了实际资源之外，21 世纪虚拟资源的重要性更为深远，甚至比实际资源更为重要。

中国早已意识到这个问题，并积极参与虚拟资源的开发，其中大数据是一个非常重要的虚拟资源。目前，我国牵头组织成功承担了国际云计算标准建设任务，提出了国际信息技术云计算参考架构。这不仅将云计算和大数据正式扩展到更为标准的程度，而且还为中国云计算基金会提供了一个平台。使用大数据和云计算进行工作的便利性，不仅体现在金融经济的发展上，也体现在降低交易成本，提高生产效率，促进产业结构改革等方面，许多重要的发展目标已经达成。

由于云计算的便利性和广泛使用，互联网服务正开始向云计算倾斜。企业越来越依赖云结构的部署，选择嵌入式设备来构建自己的云体系结构。而在金融领域，大数据和云计算的地位也无法忽视，尤其是在 P2P 网络借贷平台上，信贷配给的参考正是来源于用户大数据，最终通过计算得出理想结果。

在传统金融结构中，P2P 网承载平台的风险控制模式难以应用。目前，多个 P2P 网贷平台正与信用信息服务建立积极的合作关系，构建新的风险控制模式。根据业内人士的说法，随着行业监管政策的出台，信用信息系统在未来的不断完善，基于大数据的 P2P 网络贷款平台的风险控制能力必将得到提升，P2P 网贷的繁荣仍在预期之中。

目前，许多网络贷款平台已经正式发布了基于大数据的风险控制模型。"与传统金融相比，互联网金融 P2P 在风险管理方面面临着挑战，包括对央行缺乏信用调查、有限的信贷数据和不确定的政策，但互联网上更多的机会在于数据、技术和他们的可扩展性。"这是 P2P 贷款首席风险官曾表示的，通过互联网，平台可以与庞大的用户群取得联系，收集大量零散数据。这些数据适用于对 P2P 风险的进一步分析。

可以说，P2P 平台的运营和信贷配给，其核心是大数据。大数据的模型制作就需要许多年，因为只有积累用户和有效数据，才能够创造出合理的计算方法，最终对运营和风险做到有效预估和管理。比如 P2P 贷款，就在多年间依靠 600 万在线用户，积累了近 40 亿的数据。在模型基础上，大数据技术能够对每笔贷款的风险进行相应的评级，以反映对逾期利率的预测。最后，系统将根据风险等级来定价风险，以保证收益匹配风险。

就传统的风险控制模式而言，银行和中小信用机构更关注静态风险。相比之下，大数据更注重动态风险，而动态风险则是对动态风险的掌握。大数据介入下的P2P平台，不仅突出了事前的掌握，而且对数据库中风险因素的变化提供即时反馈。因此，如果一个人在从第一个信贷机构借款后经常向其他信贷机构申请贷款，第一个机构将第一时间被告知，以防止潜在的风险。

这个过程不仅让平台的智能化提高了，还加强了平台的运算能力，保障每个P2P平台可以服务更多的用户。而大数据对P2P平台发展的有利影响，除了体现在其对庞大的数据的运算能力上，还体现在计算对自动化发展的推动上。我们前面已经说过，云计算可以相当大程度地解放生产力，所以实现工业自动化就需要云计算的参与。当今社会是信息爆炸的社会，我们接触的信息在成倍数地不断增长，在未来，不仅仅是信息行业需要处理大量信息，在生活、工业、金融等多方面都需要接触到大量数据。所以，实现信息处理的实时化就显得非常重要了，就像我们之前说的一样，大数据最重要的方面之一就是信息处理的速度，及时对数据进行分析才能发挥其重要作用，否则在信息时效性的干扰下，大量数据都会被废弃。

云计算在处理大数据上就很好地实现了实时性，因为它能更快更好地将信息进行处理，所以我们才会利用云计算来实现工业自动化。工业自动化发展到一定程度，智能化的互联网才能更好地建立起来，物与物之间才能实现自动的信息交流和分析处理，这才会让我们迈入另一个科技发展阶段。

在P2P领域，大数据决定的信贷配给模式极大地实现了自动化，减少了专业人士所耗费的时间和精力，是一次跨越式的对劳动力的解放。可以说，信息技术的一大变革正是伴随着大数据的出现而产生的，而大数据这个概念也颠覆了当前社会的商业模式，引发了一次商业市场的地震。

从信息技术的变革这方面看，大数据产生的主要影响是改变了"数据显示信息"的方式。过去，我们依靠构建模型来将数据表征为信息，比如一栋楼房该如何建造，需要各种参数，而这些参数反馈给我们能让我们构建出一个房屋模型。但大数据则不同，它告诉我们，信息不需要表征也可以成为一种资源，数据本身就是资源。在大量的数据基础上，我们只要采用数学的方法进行统计，就可以从中提取出想要的重要内容。

大数据不仅改变了技术，也改变了金融业与商业市场。因为大数据的出现，财富正从现实转变为虚拟化，虚拟的平台成为一个个"市场"，而这个市场由于大数据技术的发展，可以同时处理大量的交易信息，所以虚拟市场变得前所未有人"大"，也变得前所未有的"全面"——这正是引爆商业市场的原因之一。这对许多人来说都是一种挑战，但更多的是一种机会。

加强行业监管，才能健康发展

"点对点"或"个人对个人"（所谓的"P2P"）融资在过去两年经历了中国的繁荣。已经建立了数百个 P2P 借贷平台，通过互联网将借款人和贷款人联系起来。个人和机构对 P2P 贷款的兴趣和活动的增加，似乎是对银行传统融资的严重"威胁"——无论大小。似乎中国的互联网融资正在快速增长，速度比 20 世纪 90 年代的美国互联网泡沫快得多，而且它有可能不仅为借贷者和贷款人，也为中国的监管机构和政府创造了不可预见的风险。

一方面，P2P 融资确实为那些不想使用主流借贷渠道或无法获得银行贷款的个人或企业提供贷款。在某种程度上，P2P 融资可以帮助小型企业和初创企业，它们无法获得银行贷款和传统融资资源。另一方面，P2P 融资也有助于将大量资金从银行转移到基于互联网的融资平台上。

多年来，小企业融资一直是中国市场经济的一个障碍。金融市场已被阻止进一步的改革和自由化。直到 2011 年年末"温州贷款危机"发生之前，中国政府才终于意识到，中小企业和民营企业在有限的融资和稀缺的贷款资源中所遭受的损失是多么严重。但在中国（上海）自由贸易试验区正式启动之前，没有发生任何重大变化，而在上海自由贸易试验区启动之后，政府已真正致力于进一步的金融自由化。

可是如此一来，P2P 融资作为一个新的行业，难免会在短暂发展中暴露一些问题，带来一些风险。比如之前，中国银行业监管机构已对数千家在线 P2P 贷款机构制订了拟议中的限制措施。该机构承诺将清理市场，因为失败的平台和可疑的欺诈行为凸显了一个蓬勃发展的行业的风险。

金融委员会的做法是，认定这些平台是中介机构，是借款人和贷款人之间的"媒人"。因此，他们不应该自己筹集或借出资金，不应该拥有资金池。根据 P2P 在线金融管理计划的规定，在线平台不应该从公众手中吸收存款、投资于投资者的资金，或者保证回报。它还规定了点对点网站分发理财产品，并限制他们对众筹的使用。

尽管在线贷款在提供资金方面填补了一个严重的空白，但由于缺乏规则，这个行业正遭受着猖獗的欺诈行为。

2017 年上半年，杨先生曾是一个在线 P2P 金融平台的用户。但现在，他正忙着收集信息来起诉该平台，该平台在运行了三个月后就消失了。和其他受害者一样，杨维也失去了利息和本金。

"一开始，利息很高。我可以从 1000 元的投资中赚到 100 元。在那之后，它的正常年增长率在 17%~20%。"杨说先生。对于 P2P 金融用户来说，这是最吸引人的因素之一，高回报和低准入要求。但在另一方面，一些 P2P 金融平台管理不善的问题也在逐渐暴露。当这些平台无法维持日常运营时，他们中的大多数人都会选择携带投资者的钱逃跑。

"他告诉我借款人有担保品。但实际上，借款人向很多人承诺了有担保，都是用的同样的抵押品。"前 P2P 金融用户齐女士说，"一夜之间，这个平台关闭了。"

现在，P2P 金融就像一把双刃剑。与银行相比，它可以为中国的中小企业提供一个更容易获得资本的选择。它还可以为投资者提供一个灵活的投资渠道，尤其是当前低存款利率的情况下。但是，投资者很难区分哪些是可靠的，哪些是可以维持健康业务的。"现在整个行业都没有规则。其中一些不是真正的 P2P 平台，有些甚至是非法的。即便是对银行来说，信贷风险的波动也可能导致它们无法像承诺的那样支付薪酬。"中国社科院金融银行研究所所长曾刚表示。

2015 年 7 月，中国人民银行与十部委发布了《关于促进互联网金融健康发展的指导意见》。但分析师表示，在更详细的监管规定公布前，违约和欺诈风险将继续在该行业持续增长。与此同时，新规定将要求平台公开披露总体贷款信息及其表现。所有的 P2P 贷款机构都需要向当地金融机构登记，以进一步提高透明度。

就像在发达国家一样，P2P 融资是一个新兴的产业。第一个 P2P 平台是在 2005 年和 2006 年分别在英国和美国建立的，而中国的第一个

P2P 平台是在 2007 年建立的。我们的行业起步本就比西方国家晚，在他们依旧困扰于行业问题的时候，我们自然也难以摆脱。

第一，社会信用体系的缺失仍然是制约我国经济发展的主要因素。P2P 融资平台严重依赖于贷款和贷款人的信用。随着中国决心进一步放开其金融领域，合适的参与者信誉是其金融市场发展的最重要因素。

第二，中国金融业的立法严重不足。就在中国经济增速快于预期的时候，支持经济增长的法律框架比预期的要慢得多。随着金融市场的繁荣加速，金融法律法规也远远落后于发展的需要。此外，目前的监管体制还存在问题，一些监管机构存在于同一行业内。毫无疑问，P2P 金融已经极大地改变了中国的金融格局，因此，金融立法变得更具挑战性。在足够的法律和法规出台之前，立法者和 P2P 投资者将不得不面对挫折。

第三，中国必须同时平衡监管和放松管制，必须在金融限制和自由化之间找到最佳的平衡点。在达到金融稳定的最佳选择之前，中国政府别无选择，只能采取严格措施，以控制金融市场的潜在风险。

事实是，中国几乎没有什么发达国家的经验可以学习，以制定必要的 P2P 法规。P2P 市场是如此的新，如此不受监管，如此多样化，以致国家在最近几年才开始探索适当的法律框架。美国和英国的现行法律与金融市场交易之间的制度差距也存在，主要的区别在于，中国是一个巨大的储蓄国家，中国人民很容易受到新的金融机会的诱惑，离开现有的银行体系。因此，政府不得不努力避免两种矛盾的情形——要么是看着客户主动从大型银行撤回资金，投资 P2P 融资，要么因为缺乏知识而在 P2P 融资中受到欠考虑的投资。这两种情形都不利于中国的社会和金融稳定。

中国文化深深根植于为未来和子孙后代储蓄。在过去，中国的人均 GDP 很低，中国人民在传统银行的储蓄率非常高。如今，在央行设定的传统银行利率和股市大幅波动的情况下，问题变成了如何在不承担过度风险的情况下，管理一个人的货币资产，并获得足够的回报？

近年来，网上融资已成为一种吸引个人和企业之间小规模融资的诱人方式。但是，不用说，没有适当的监管，风险无处不在。中国 P2P 融资的快速发展，代表着人们对非银行投资的兴趣日益浓厚。尽管 P2P 融资不能取代历史悠久的银行贷款，但它很可能会继续增长。

P2P 融资从根本上改变了中国的信贷分配方式，因此，政策制定者面临的最大挑战是如何监管和指导这种社会融资的增长，而不是简单地阻止。只有在法治的基础上，中国的 P2P 发展才能免于非理性和鲁莽的繁荣。

第七章

众筹金融:
非中介化的极致

什么是 "众筹金融"

众筹金融是通过朋友、家人、客户和个人投资者筹集资金的一种方式。这种方法利用了大量个人用户的集体努力，主要通过社交媒体和众筹平台，利用他们的网络进行更多的曝光。

众筹金融可以说是一个新时代，在共享的平台经济的构建下产生的新价值模式，是一种完全不同的投资活动。

赵春林在前沿讲座讲解 "科学决策是第一生产力" 原理

众筹金融本质上与商业金融的主流方法背道而驰。传统上，如果想筹集资金或推出新产品，你需要整理你的商业计划、市场研究和原型，然后把你的想法做成预算，从富人或机构那里申请资金。这些来源包括银行、天使投资人和风险投资公司，市场把你可以申请的选择限制在几个狭窄的方向上。你可以把这个筹款看作一个漏斗，你和你的团队正在大规模地展示，而你的投资者在封闭的一端，只有少量几个投资人可以选择。如果你不能在合适的时间、合适的投资者或公司表现出你的想法，那就意味着你的时间将会浪费，可能筹集到的资金将会消失。

另一方面，众筹金融平台的出现扩大了漏斗模型的封闭端。通过为众筹者和企业家创建一个单独的平台来构建、展示和共享资源，这种方法极大地简化了传统模型。传统上，你花了几个月的时间筛选你的个人网络，回顾潜在的投资者，然后花费你的时间和金钱面对他们。通过众筹，你更容易在感兴趣的平台上获得机会，并给他们更多的方法来帮助你发展你的事业，从投资成千上万的股票到贡献 20 元人民币，以换取第一个运行的产品或其他奖励。

通过使用更广泛的投资者基础来享受更灵活的融资选择，众筹金融与传统方法相比有许多优势。这样的众筹金融平台建立在共享化的平台经济概念之上。众筹的概念是"每个人都可以成为投资者"，众筹可以利用这个平台以自己的想法赢得他人的支持，并回馈给投资者。这一投资将不再是"点对点"，而"点对面"的分享，从另一个角度看，是共享资源、信息、认同的想法，在共享者之间达成合作。众筹，离不开每个人的力量，这是有别于任何投资的——每一个个人、用户都可以成为投资者，所以我们更多地认为这是一种互联网经济的产物。

众筹金融使我们能够感受到许多不同于传统投资方式的好处。通过使用众筹平台，你可以接触到数以千计的合格投资者，他们可以看到你的产品，与他们互动，分享你的筹款活动。通过众筹活动，你将会经历一个无法衡量的筹资过程，这个过程让你直接通过展示自己的产品获得投资，我们需要展示自己的产品，这样才能获得更多的关注。

在众筹的过程中，人们可以通过社交媒体、电子邮件通讯和其他在线营销策略来分享和协助自己的众筹活动。当你和其他媒体报道自己的资金进展情况时，可以通过将流量引导到自己的网站，将用户资源翻倍。

向公众展示我们的概念或业务提供了一个绝佳的机会来验证和完善我们的产品。当潜在的投资者开始表现出兴趣并提出问题时，我们很快就会发现一些事情是否被忽视了，而这些问题解决了，他们更有可能购买。所以，众筹的过程中，我们还可以改进自己的产品。

在线众筹最好的事情之一就是它可以集中并简化我们的筹款工作。通过建立一个单一的、综合的数据，我们可以把所有潜在的投资者和潜在的融资者放在一起，我们不需要单独去追求每个人的投资。因此，我们不需要重复打印文档、编译、绑定和手动更新等工作，我们也可以使用更容易访问的格式在网页上显示所有内容，这样就有更多的时间来运行业务，而不是筹款。

在不同的成长阶段有不同的筹资方式，有各种各样的众筹类型。我们选择的众筹方式取决于我们提供的产品或服务的类型，以及我们的成长目标。其中三种主要类型是基于捐赠、基于奖励和股权众筹。

从广义上讲，你可以考虑到任何一种众筹活动，在这种活动中，投资者或贡献者都没有以捐赠为基础的众筹资金。普通的基于捐赠的众筹项目包括为救灾、慈善机构、非营利组织和医疗法案筹集资金。

众筹金融的模式出现，给我们展现了一种可能，让我们意识到，原来在新时代的价值模式下，金融产业还可以带来这样的新东西。众筹金融的发展，必然对现如今红火发展的互联网金融有一定推动和促进作用，它也能在未来的的新金融模式下发挥出自己独特的优势，这种投资和筹款模式，一定会更多地出现在大众生活中。

金融领域的去中介化变革

众筹金融的出现，本身就是一种去中介化的变革。在未来，也许人们筹措资金再也不需要投资人，不需要中介平台，只需要点对点的投资就可以做到了。

去中介化，是指从供应链中移除经济学中介人，或切断与交易或一系列交易相关的中间商。在新的经济模式下，很多人选择不通过传统的分销渠道，这些渠道有某种类型的中介（如经销商、批发商、经纪人或代理），而是选择直接与客户打交道，例如通过互联网。当去掉了中介之后，这样的流程就会变得简单，成本也会降低。

去中介化可能会降低服务客户的总成本，并可能允许制造商提高利润率或降低价格。消费的去中介化往往是高市场透明度的结果，因为买家知道直接来自制造商的供应价格。买家可以选择绕过中间商（批发商和零售商）直接同制造商购买，并支付更少的金钱。买方也可选择从批发商处购买。通常，企业对消费者的电子商务（B2C）公司是买方和制造商之间的桥梁。

可以说，切断中间商（以及他们所获得的利润份额）一直以来都是消费者和生产者的目标。而众筹产品在去中介化方面的成功让许多人感到惊讶，这些趋势很可能在未来继续下去。

技术已使一些互联网金融活动去中介化。诸如 AirBNB、滴滴打车和闲鱼（用于二手商品置换）等点对点服务已经威胁到酒店、汽车租赁公司和旧货店。现在，一些众筹金融也异军突起，显露出去中介化的特点来。众筹网站允许消费者直接投资于优质或服务的生产，使银行和风险投资公司失去中介。

曾经就有人研究过创业众筹的去中介化特点，当今创业公司面临金融选择时，会考虑众筹金融的融资模式。创业公司可以向公众求助，创建他们的公司，从一大批个人而不是银行或风险投资公司获得资金支持。我们在发达国家看到这种趋势，但也在发展中国家，通过小额信贷、同侪贷款集团和其他机制中看到众筹去中介化的趋势。

最近几年，火爆一时的中国国产动画《大鱼海棠》，就在粉丝的期待下上映了。很少有人知道的是，这部动画除了传统的投资人，还有超过成千上万的观众粉丝众筹投资。在动画上映的几年前，由于制作过程中资金缺乏，导演在众筹平台上以动画作品的设计、片花等展示产品，获得了许多人的青睐和支持，因此筹集到了足够的资金。

如果是寻找投资人来投资，一方面未必有投资者愿意投资给这样前途未明的动画，他们多从收益上考虑是否值得投资；另一方面，投资者可能会借投资之便，对专业的活动指手画脚，也容易出现外行指导内行的情况。但现在众筹平台的出现解决了这个问题，他们既不需要寻找投资人，也不需要借助银行或者其他金融贷款机构去借款，而是靠产品本身征服大家，获得别人的众筹投资。这就是一个灵活的、新型的投资方式了。

众筹金融的去中介化，是将消费端、供给端结合起来，实现互相联系的充分共享。如果说过去的经济模式下，生产资料和生产链是立体的、复杂的，普通人难以堪破其中的奥妙，更难参与其中，那共享模式则让一切要素都扁平化，从消费群体到生产资料全部都是扁平的，然后在同一个平台上实现共用。

在不久的将来，不管是资金的筹措者还是广大个人投资者，都将很快从消费端走向供给端，再从供给端融入共用共享这种大环境中，这才是未来最有可能出现的经济模式。

从扩大经济利益的角度上讲，众筹金融还可以将交易平台延伸到更大的空间中，扩大交易主体的选择范围。我们不仅可以从更广阔的空间中筛选到更有利于自己的交易对象，还能够降低交易的成本，使得供求双方都能够在虚拟的共享平台上分享和获得自己需要的资源。这种跨越空间的共享模式不仅盘活了闲置资源，而且让经济更加繁荣有序地发展，也能从根本上提升交易的整体质量，对整个社会和交易双方来说都有好处。

随着消费者与生产者进行沟通，中间商的未来变得更加直接，甚至他们有可能从历史舞台上逐渐消失，比如那些金融中介服务公司。这去中介化趋势使企业在价值链中找到了自己的价值，并展示了一个原则——消费者也能为自己做些什么。

出现这个情况，还是因为众筹金融具备互联网的典型特点，市场透明度得到了极大提高，所以改变了传统的投资供应链。随着虚拟市场的出现，去中介化已经获得了新的意义，从理论走向了现实。比如，像淘宝、亚马逊这样的虚拟市场卖家正在排挤中间商，直接将卖家和买家相互连接。有些时候，如果卖方与买方相关联，绕过平台，与买方谈判，并与买方进行直接交易，更是成了一种新的去中介形式。

在金融领域，借助众筹金融实现去中介化的变革，相信越来越多的人都能看到这种转变。

股权众筹，一种新的融资模式

现代股权众筹是一个金融游戏的改变者，是一种非常特别的新型融资模式。由于它在众筹模式当中具有一定的特殊性，是非常有意思的互联网金融新产物，我们专门来了解一下股权众筹的内涵。

赵春林在复兴商界的中国精神论坛上演讲"科学决策是第一生产力"

股权众筹是私人公司证券向一群人提供的在线投资，因此它是资本市场的一部分。由于股权众筹涉及对商业企业的投资，因此经常受到证券和金融监管的影响。股权众筹也被称为"投资众筹"。

股权众筹是一种机制，可以让广泛的投资者群体为初创公司和小型企业提供资金，以换取股权。投资者把钱给企业，并获得一小部分业务的所有权。如果企业成功了，那么它的价值就会上升，同样，反过来也是正确的，如果企业没能完成目标，它的价值就会下降。

你会发现，股权众筹的风险比其他类型的众筹要大得多。大多数的众筹都是以产品回报用户，只要给予足够的资金，就可以在众筹成功启动后，换取相应的产品。比如以生产布娃娃为目的的众筹，可能在成功后就会给不同投资金额的投资人回馈不一样的布娃娃作为产品，而这种众筹更相当于"提前购买"。

还有的众筹更是毫无回报，属于捐赠意义。这样的众筹往往比较有感情价值，比如为了给某些病人筹集治病款，为了给自己喜欢的作品筹集制作费，等等。但是由于具有情怀，投资者在众筹一开始就接受了没有回报的结果，不会出现任何问题。

但是股权众筹则不一样，本质上投资的意味非常浓厚，人们还是希望能够从股权众筹的投资中获取收益的，所以投资的企业都是自己看好的。但市场的风险就在于，谁也不确定企业是否能达成最开始的目标，所以股权众筹的不稳定性和风险，一样不亚于其他高风险投资。

但它又是相当具有吸引力的。只要付出少量的资金，你也可以像天使投资的投资人一样，给自己青睐的项目进行投资，成为他们的"原始股东"，这一点是互联网金融发展下，众筹最大的优势。让小资金的投资者也能满足自己的投资欲望，也能从良好的投资眼光中赚取到相应的回报，这无疑是一种金融市场的进步。

股权众筹的主体都是谁呢？对股权众筹的报道表明，它的潜力最大的是那些寻求较小投资来实现建立的初创企业，而后续的资金（后续增长所需的资金）可能有其他来源。投资众筹可以是基于债务或股权的，也可以遵循其他模式，包括利润分成和混合模式。股权众筹这个术语经常被用来形容在股权众筹平台上投资于债务和股权投资工具的人群。

2009 年 6 月，第一家以股权为基础的初创企业众筹平台，由海外的 VC 集团推出，并于 2010 年 2 月正式启动。在 2011 年 5 月，该公司推出了一款面向初创企业的创业模式，直接在该网站上进行投资，但后来由于监管原因，决定关闭其业务，阻止它们继续运营，在《就业法案》之前就退出了这个平台。早期的平台几乎集中在欧美国家，在每一个新成立的众筹公司里，人们都把自己的钱投资于他们网站上的其他公司。

投资众筹甚至可能会违反各种证券法，因为向公众征求投资通常是非法的，所以众筹监管非常有必要，这也是为了保护投资者利益。众筹平台上的创造者往往缺乏经验，缺乏在约定的期限内完成资金项目的能力。此外，当业余投资者未能验证项目就"搭便车"跟其他投资者一起投资时，他们也容易受到欺诈。最重要的是，在早期的、平台驱动的项目中也存在着失败的风险，尤其是众筹平台尚未发展稳定的时候。

所以，股权众筹是风险和诱惑并存的，尤其是对于中小型投资者来说，实在是一个太新鲜、太危险，又太有趣的互联网金融项目。

创新至上的众筹金融

"除非你有失去视线的勇气，否则你无法发现新的海洋。"每一个新事物的出现，都需要我们有勇气去面对和尝试，这样才能始终走在最前面，成为那个"吃螃蟹"的人。

众筹金融的发展也是如此，要在众筹金融环境下获得成功，就得走创新的价值创造之路。事实上众筹金融从出现开始，就一直在面临一些问题，是不断创新才让它发展成为现在的样子。

众筹金融本来就是一个全新的理念，所以众筹金融理念都是围绕创新展开的，也就不那么令人感到难以接受了。我们随便从某个领域去看众筹金融，都能看到它在创新中不断发展的影子。

比如众筹网成立至今，有许多产品在众筹成功之后，并没有兑现一开始的承诺，众筹的回馈不能及时发放给投资者，而平台的处理也不够强硬、不够妥当，这种情况下，人们会不会丧失众筹的信心呢？

有了这个问题，众筹网才会不断加强对平台众筹产品的审核，做到最大限度地解决这些隐患。

这些问题都是过去未曾遇到过的，为什么会这样呢？很简单，因为它的出现就是一种创新，一个完全创新的、人们没有见过的新事物，当然在发展的过程中也会给人们带来新疑惑和新挑战，这是完全正常的。

面对这种情况，有些人就认为对互联网模式的宽松监管可能会对经济造成更大的损害。比如说，他们认为 P2P 行业为一小部分人欺骗管理系统提供了一个漏洞，比如 Airbnb 似乎允许人们逃税，所以反对者会觉得，该公司并不是经济和社会的价值创造者——它只是在助长一群人的剽窃。

然而，这种方式却是有利于消费者的，比如，增加的监管和税收可能意味着消费的价格上涨，这在一定程度上击败了旨在削减成本、将企业从专横的权威手中转移开的众筹金融公司的目标。举个简单的例子，如果加强了行业管理，将众筹金融运营成为传统金融借贷模式的翻版，也许众筹的门槛就会变高，人们创业的计划和项目就又像过去一样被拒绝了，但是谁能确保，这里面的计划就都是不可行的呢？

也许正是出于这个原因，许多众筹金融的倡导者反对过度监管这种模式，他们就表示，众筹金融的关键贡献在于，它克服了市场的不完善，而不依赖传统的融资方式。这些过时的监管制度的继续应用，可能会损害用户的利益。

你会发现，这就是一种创新的过程，人们在不断创新，在创新中面临问题，又在摩擦、融合当中最终得到一个一致的结果，彼此之间进行妥协。虽然商业环境需要一定程度的限制，以最大限度地提高生产力，但这并不意味着你不能在工作中创造和打破常规，众筹金融的领域要的就是大胆的创新和打破常规。

请记住，企业只有两种基本功能：营销和创新。创新促进了所有组织需要生存的敏捷性和灵活性。尤其是，创新是目前国家和社会的主要关注点和呼唤点。2006年全国科学技术大会上，我们确立了建设创新型国家的目标，从此，已有的企业和尚未踏入市场的创业者都需要将创新创业放在第一位，创新成为整个市场上最为火热的名词。

提高创新能力，建设一个有创新精神且能够创新的企业，成为无数创业者内心最大的目标，想要做到这一点，就得保证建设一个典型的创新型企业结构。建造创新型结构也成了创业者最为关注的目标。既然是创业，我们终究会有一定的体量和规模，终究会做成企业，此时如何才能继续保持创业初期的创新精神呢？

要做到这一点，必须满足从多角度入手的要求，将观念创新作为指导，将技术创新作为企业的运转核心和前进动力，将制度上的创新作为企业健康运转的保障，借助创新的管理手段，开拓新的市场，这样才能够多角度地发挥创新的优势。

在众筹金融领域，创新理念非常重要，敢于探索、敢于破坏、敢于重建，一切都是新的尝试，所以拥有创新的观念是非常重要的。这个观念可以解读为两方面，第一个方面就是观念中始终将创新放在第一位，第二个方面就是，众筹过程中经营观念必须要时刻创新，始终跟随着时代的脚步走在时代前列，这样才能够保证企业的健康发展。只有拥有了开明的观念，才能够带动后续的技术、制度、管理等多方面齐头并进，走上创新之路。

技术创新也是众筹金融发展的侧面保障。新技术的重要性，能够给企业、市场乃至于世界带来的改变，相信是大家有目共睹的。正是因为大数据和云计算技术的出现，才有了现在的互联网金融，才有了众筹金融的快速发展。你会发现，好的技术能够改变世界，一次技术的革新能够将濒临破产的企业从死亡边缘拉回，赋予它一次新的生命，所以在众筹金融这个领域，最根本的就是能持续不断地进行技术上的革新，这样才能永远提供给企业新鲜的血液。

只有做到这几点，我们才能建立一个以创新作为驱动力的众筹金融企业或者团体，在众筹金融的领域做出让自己满意的成果。所以很多时候，我们应该做的不是拒绝创新、谨慎小心，而是勇敢地向前迈出一步，众筹金融的发展红利才可以与你我共享。

众筹金融的优势与劣势

众筹被定义为"来自在线投资者、赞助商或捐助者为营利性和非营利性活动或企业提供资金的捐款"。这是一个相当新的在线模式，正在影响很多新的投资计划，尤其是对个人企业家。你可以在网站上展示你的潜在商业或产品，让人们帮你投资，这对新企业家来说是非常诱人的。要知道，这种新的在线方式既为新业务吸引资金，也为产品开发提供了积极的支持。根据你的产品、业务、市场和你的目标，你可能会发现众筹过程中既有优势，也有劣势。通过深入分析，我总结了一些关于众筹金融中值得注意的风险和机会。在了解了它的好处和坏处之后，也许我们能更好地了解众筹金融。

首先来看看众筹金融的优势在哪里。现在，让我们来看看众筹的机会或好处，第一个也是最常见的优势实际上被许多人视为劣势，但不能否认，新企业家在众筹金融的领域，找到了另一种方式来为他们的企业筹集初始资金，这种新方法不涉及大投资者或来自银行的贷款。事实是，许多企业家经常被剥夺从大投资者和信贷机构获得资金的机会——特别是如果他们的想法不被认为是非常可靠的。甚至对于那些连被拒绝的门槛都进入不了的人来说，更显得求助无门了。在线众筹虽然也会有很多的负面因素，甚至常常不成功，但它确实开辟了另一条道路。

在线众筹最积极的方面是，它能从潜在客户那里得到真实的反馈——他们是资金的来源，而且它作为一种营销工具非常有用。在众筹网站上做捐赠的大多数人不是专家，他们就像这个计划寻求的客户一样。因此，大量的跟随者和众筹的大量支持也是风险投资的一个标志，它表明潜在的客户对它感兴趣。这也是对品牌的良好营销，因为众筹活动将产品的信息在它真正出现之前就传播出去了，这是很好的营销。此外，它还可以开始形成一个有影响力度的长期倡议，因此它可以用于长期的营销目的。正如你所看到的，很多成功的企业充分利用了积

赵春林在国人还不知道什么是"中国互联网金融"时将其抢先注册

极的方面。

除此之外，众筹筹集资金的速度也是一个值得注意的优势，尤其是对那些不容易获得大型投资的项目来说。虽然它需要一个成功的运作来从大量捐赠者那里获得资金，这些捐赠者都得想为众筹者的事业、产品或业务提供资金才行，这样似乎显得周期很长。但是对于那些不容易获得投资的项目而言，与其一次次在寻求投资的过程中碰壁，不如选择等待一个众筹周期更有效果。当然，从银行获得贷款比等待众筹活动的成功要快得多，但这是没有保证的。

除了优势，众筹也有一些典型的劣势，我们同样不会避开不谈。首先要指出的是，它实际上需要大量高质量的工作和时间才能让你的众筹活动取得成功。在众筹网站上发布一项新业务或创意，并不意味着人们会开始给你免费的资金。众筹可以形容为"一份全职工作"，比如，某公司将 T 恤作为礼物赠送给捐赠者，然后捐赠者通过他们的众筹活动给他们提供超过一定数量的捐赠。而这个过程，是需要长期投入并且营销的。

众筹的另一个负面影响是它会影响未来的融资选择。一般来说，大型风险投资家和其他投资者不相信由大量无经验的众筹者创办或资助的公司。除非这是一个巨大的机会，否则这些大银行可能更愿意把钱借给别人，这对一个需要大量资金来扩大自身规模的公司来说是个问题。更糟糕的是，在一些已知的案例中，风险投资家实际上愿意资助这些公司，这些公司选择从众筹中成长起来，最终损失的是后续大量的资金，因为公司的所有者把它卖给了其他股权众筹者。因此，从长远来看，众筹可能不是一个好的选择，因为在一段时间后，公司的所有者会丧失主动性。

众筹存在的一个法律问题是它可能引发的诉讼。企业家可能会被指控欺诈、管理不善和与捐赠者签订合同不合法。因此，任何使用众筹的人都必须担心他们所陈述的一切的法律影响。如果他们在书面上承诺给捐赠者什么回报，他们必须给予，否则，捐赠者可以起诉他们，而不仅仅是拿走他们的初始资金。

这把我们带到了最后一个消极的地方，也是众筹最大的劣势：就是非常不可预测的，大多数的众筹努力都未能达到他们的目标。为荒谬的事业发起的运动最终可能得到资助；而其他一些更有用、更有价值的运动可能会失败，也许一个伟大的想法不能保证成功集资。统计数据显示，大多数的众筹努力都是不成功的。投资者害怕失去他们的钱，所以获得他们的信任，证明你的想法的价值成为最小化失败的关键。在中国这样的市场上，这一点更为重要，因为我们没有太多的法律来保护捐赠者，也没有给他们起诉企业家的机会，这是行业监管的不足，因此让捐赠者承担风险。

综上所述，众筹对于获得资金来说是一个风险和不可预测的选择，它的缺点使它成为许多新企业的糟糕选择。然而，这是另一个可以考虑为一些创业公司获得资金的选择。如果有人提出了一个好的想法，人们喜欢，众筹可以帮助他们获得资金，以建立一个基于这个想法或产品的企业。所以，虽然有风险，但对于新企业和企业家来说，这仍然是一种选择。

第八章

第三方支付平台
快速崛起

电子货币市场迅速发展

互联网市场的不断发展，让虚拟货币开始走上历史舞台，并且越来越多地应用在我们的生活中。比如，当我们选择在游戏里用游戏币购买商品时，游戏币就是一种虚拟货币；当我们选择用支付宝或者微信钱包付款时，它们也是虚拟货币。

在互联网金融的概念里，第三方支付平台也是互联网金融的重要组成部分，甚至是相当核心的组成部分。而它们的发展，与电子货币市场的逐渐成熟是分不开的，二者相互影响，共同促进了第三方支付的市场扩张。

电子货币与实物货币（如纸币和硬币）不同。它展示了类似于实物货币的性质，但允许即时交易和无边界的所有权转移。例如，虚拟货币和加密货币。与传统货币一样，这些货币可以用于购买实物商品和服务，但也可能被限制在某些社区，比如在线游戏或社交网络。

赵春林在首届中国房地产策划峰会上讲话

可以说，电子货币是一种以电子方式记录在储值卡或其他设备上的货币余额。另一种形式的电子货币是网络货币，允许在计算机网络上，特别是互联网上的价值转移。电子货币也是对私人银行或其他金融机构（如银行存款）的一种价值替代，在这些金融机构里，我们的资金操作也是以电子货币的形式存在的。

电子货币可以是集中在一起的，在那里有一个中央控制点，可以控制货币供应，或者分散货币的发行，这些电子货币可以是各种来源。

有些时候，虚拟货币是价值的数字代表，而不是由中央银行、信用机构或电子货币机构发行的，在某些情况下，它可以被用来替代货币。在 2012 年以前，虚拟货币被定义为一种不受监管的数字货币，它由其开发人员发行并通常由其控制，并在特定虚拟社区的成员中使用和接受，典型的代表就是比特币。

到了 2013 年，美国财政部将其更简洁地定义为"在某些环境下，像货币一样运作的一种交换媒介，但没有实际货币的属性"。而国际清算银行 2015 年 11 月的"电子货币"报告显示，电子货币是一种以数字形式表示的资产，具有一些货币特征。电子货币可以以一种主权货币计价，由发行方发行，负责赎回电子货币以换取现金。在这种情况下，以其自身的价值单位自动发行的电子货币将被视为一种虚拟货币。

传统货币供应的大部分是在计算机上持有的银行货币，这也被认为是电子货币。有人可能会说，我们日益缺乏现金的社会意味着所有的货币都变成了数字（有时被称为"电子货币"），但目前来说，它们还没有呈现在我们面前。只能说，电子货币的市场在越来越成熟，越来越多地抢占货币市场，取代传统的纸质货币的地位，这一点才是现状。

现在的许多系统，如支付宝、微信钱包、ApplePay 等成为这种转换电子货币的第三方支付平台。他们搭建的货币系统使用非接触式支付转账，以方便支付，并使收款人更有信心在交易期间具备安全性。

其实，这些手机支付的方式，与信用卡是异曲同工的，但是更加方便，也建造了一个新的电子货币市场。我们甚至可以说，在支付宝的货币系统中，你的金钱概念和在微信的货币系统中是不一样的，这是被全新定义的电子货币。

举个简单的例子，不管是在信用卡中的虚拟货币数字，还是拿在手中的纸币，都具有货币最广泛的流通性，不会受到任何平台限制。但是在支付宝中的钱，就无法和在微信钱包中的钱共融于一个系统了，这是两个互相竞争的平台，所以很多时候是互相排斥的。

在这种情况下，当你选择将钱从银行卡中转到任何一个第三方支付账户里，其实就是在购买属于他们系统的电子货币，然后再在生活中使用这个新的货币。所以，第三方支付的市场就是一个电子货币发达的支付市场。

电子货币或者电子钱包的概念，在很久之前就出现过了。1994 年，欧洲的 Mondex 公司为斯文顿居民提供了一个电子钱包，可以用于支付电子货币，但是由于环境因素的限制没有成行。到了大约 2005 年，西班牙电信和西班牙对外银行在西班牙推出了一款支付系统，该系统使用了一种简单的短信服务功能，即为付费用户提供付费服务，包括出租车预定和通过 BBVA 银行的银行账户借记卡进行预付话费。

2010 年 1 月，各种移动支付系统应运而生，它变成了一款社交应用，在你忘记钱包的时候，朋友们可以互相支付诸如一杯咖啡、房租和支付你的餐费账单。这显然很受年轻人的欢迎，但也有一些安全问题。它可以链接到每个人的银行账户、信用卡或者借记卡，所以必须设定一个支付上限，以限制在发生安全漏洞时的损失金额。

到了 2011 年 9 月 19 日，谷歌钱包在美国发售，可以方便地将所有信用卡借记卡加载其中，采用电子货币的支付方式。

但为什么，现在世界上最大的电子货币支付市场却是中国呢？为什么反而是中国的移动支付走在了前面？很简单，前面很多尝试，都没有考虑到当时的市场需求，条件还不够成熟，技术支撑力度也达不到，所以移动货币、电子支付并没有那么简便，也没有得到所有人的认可。但在中国，移动支付始终以用户为最高点，提供了各种各样的灵活服务，而且恰好赶在了互联网金融在中国快速发展的关键时期。正是这些天时地利结合在一起，才能让中国的第三方支付发展得如此之快。中国央行副行长曾表示："数字货币的条件已经成熟，可以降低运营成本，提高效率，并能提供广泛的新应用。"甚至央行认为，利用这种情况的最好办法是中央银行带头，既监管私有数字货币，也要发展自己的数字法定货币。

时代在变化，现在已经是电子货币市场相当发达的时段了，所以我们的第三方支付平台才能在互联网金融的大环境下异军突起，成为世界瞩目的、改变人们生活习惯的重要新概念与新技术。

互联网金融领域，移动支付的快速发展

移动支付一般指在金融监管下运行的支付服务，并通过移动设备执行。消费者不用支付现金、支票或信用卡，而是可以使用手机支付各种服务和数字或硬商品。虽然使用非基于货币的货币系统的概念由来已久，但直到近些年，支持这种系统的技术才得以广泛应用。

移动支付在世界各地以不同的方式被采用。2008 年开始大规模发展的移动支付，到 2013 年时，全球各类移动支付的总市场超过 6000 亿美元，这一数字是 2011 年 2 月的两倍。移动支付市场的商品和服务，不包括使用近场通信和转账的非接触式支付，到 2013 年全球有超过 3000 亿美元，这是个令人震惊的数字。

我相信，在全球范围内，对移动货币服务的投资预计将在未来继续增长，到 2018 年，移动钱包的收入份额将达到 9%，尤其是在中国。在亚洲和非洲将通过技术创新观察到移动资金的显著增长，并将重点放在 2018 年成为突出趋势的互操作性上。

在发展中国家，移动支付解决方案已经被作为一种延伸金融服务的手段，被称为"无银行化"，据估计，世界上有 50% 的成年人口在银行中没有自己的账户，这说明他们可能没有存款，也说明他们的存款可能不够多。这类人，往往是移动支付的重要支持者，哪怕这些支付网络通常用于小额支付。

所以说，移动支付几乎抢走了全世界范围内的年轻人，他们存不住钱，收入很快就会花掉，所以不需要一个理财账户，只需要一个方便花钱的渠道。很简单，移动支付就满足了这些需求。

移动支付有几种主要模式，分别为手机钱包、信用卡支付、运营商计费、近场通信等，而这些平台还可以进行一系列的跨行业合作，比如手机钱包可以与信用卡合作，信用卡支付与通信运营商合作，产生复合型的移动支付方式。

在移动支付领域，最古老也是过去最常见的是信用卡支付。一个简单的移动网络支付系统包括信用卡支付流，允许消费者输入他们的信用卡详细信息。这个过程大多数人都很熟悉，但任何关于手机细节的输入都可以降低支付的成功率。

此外，如果支付供应商能够自动和安全地识别客户，那么信用卡

赵春林向中国著名记者刘泽宇授权成立中国互联网金融杂志社

的详细信息就可以被存储下来，以便将来的购买将信用卡支付变成简单的单一点击购买，为额外的购买提供更高的转换率。可是同样，信用卡的安全性也得不到保障，常常出现盗刷等现象。

　　而在某些时候，运营商直接付款模式也很常见，比如我们在当当网购买图书时，可以先将钱预充到当当网账户上，然后直接在这个运营平台上选择支付。这一点在大多数的游戏平台上都有体现，游戏币就是我们预充的资金，而使用支付宝中的钱在淘宝购物，也可以算作其中之一。

　　消费者在电子商务站点（如在线游戏网点）的结账过程中使用移动计费选项来支付费用。这是一种真正的替代支付方式，不需要使用信用卡或借记卡或在线支付解决方案，从而绕过银行和信用卡公司。

　　这种类型的移动支付方式在中国可以说是非常流行，比如我们习惯于在淘宝上，选择用支付宝或余额宝中的钱付款，这就是一种运营商平台的直接付款模式。这给我们提供了以下好处：

　　安全性——双重身份验证和风险管理引擎可以防止欺诈。

　　便利——不需要预先注册，也不需要新的移动软件。

简单——在结账过程中，只需要点击几个按键即可，不用再输入身份验证。

快速——大多数的付款都可以在 10 秒内完成。

经证明，70% 的中国用户在网上购买时，都使用了直接移动计费的方法，尤其是在游戏币购买的时候。

除此之外，以苹果公司推出的 Apple Pay 为代表，近场通信也是一种特别的移动支付手段。近场通信主要用于支付实体店或运输服务的购买。一个消费者使用装有智能卡的特殊手机，在阅读器模块附近的手机上挥动手机。大多数事务不需要身份验证，但是一些事务需要在事务完成之前使用 PIN 进行身份验证。付款可以从预付账户中扣除，或直接向移动或银行账户收取。

由于缺乏配套的基础设施、复杂的利益相关者生态系统和标准，通过 NFC（近距离无线通讯）的移动支付方式面临着巨大的挑战。相比于其他的支付方式，这种支付对硬件基础设备的要求太高了，普及起来比较困难。

相比之下，似乎运营商内部直接付款的移动支付模式是最好的。而在中国，第三方支付软件或者平台的出现，就是对运营商内部直接付款模式进行的一种扩大化。运营上内部付款虽然简单、快捷、方便，却有一个天然的平台限制，出了这个平台就很难支付。比如，当你在玩一款游戏的时候，你可以用在这个游戏中充值的钱去购买游戏设备，但是不能用这些游戏币去别的游戏平台购买，这就是平台的闲置。

是否有一种服务，既能够满足运营上内部支付的安全与便利性，又能够跨平台使用呢？第三方支付平台的出现，就满足了这个要求。

尤其是在我们的手机等移动设备上，只要你在第三方支付 APP 上验证过身份，即便是在别的平台购物，也可以选择这些第三方支付软件，直接跳转并付款，省去了重新登录账户等操作，而且指纹识别、小额免密等设置，可以让我们的付款更快，安全性和易用性也可以自己掌握。除此之外，两个平台都会对付款活动进行验证，就相当于进行了双保险，所以第三方移动支付平台几乎是最完美的手机支付、移动支付的解决办法。

除此之外，只要推广一个软件，就可以采用二维码、条码付款，更加方便而且容易普及。因此，第三方支付平台在市场上的占有量越来越高，快速得到了推广，也正因为如此，中国的移动支付才发展的这样快。

这就是互联网金融在移动支付领域最大的创新，它的出现，甚至改变了许多互联网企业的发展方向，人们都看到了移动支付领域的巨大潜力。

便捷：赢得账户的关键

在第三方支付平台的建设过程中，账户，也就是客户，是争夺的重点。如今做得最好的第三方支付平台，无不是拥有巨大流量、大量用户的企业，正是因为得到了用户才能得到一切。

如何才能赢得人们的青睐，成为第三方支付发展过程中最为关注的事情。要做到这一点，就要将移动支付、第三方支付的优势发挥到极致。不管一开始用怎样的宣传措施来吸引用户，最终能留下用户的，都是源于产品本身的优势和特点。

第三方支付平台之所以能够获得这么多的用户，便捷性可以说是最典型的特点。在北京西城区某社区的一个市场上，所有销售产品的供应商都支持移动支付，消费者可以通过微信钱包或支付宝扫描二维码。

一个在社区设立摊位的小贩说，使用移动支付不是市场监管机构强迫的，而是自愿的。

"所有人都使用，如果你不用，就意味着损失顾客。"卖主说。

中国移动支付的普及也震惊了邻国日本，2017 年 4 月，在日本论坛上发布的一篇帖子称，一名乞丐甚至不得不在中国使用移动二维码支付来乞讨。

随着第三方支付公司领导的移动支付服务的快速发展，在日常活动和互动中，它已经成为中国人使用移动支付的生活方式选择。而且，移动支付不仅在大城市和城市地区流行，而且在县城和农村也很流行。用户更喜欢这种服务，就是因为足够方便。

一个喜欢使用移动支付的人说："在买菜的时候最讨厌零钱，尤其是在处理硬币的时候，这是很麻烦的。"

另一位移动支付用户表示："移动支付服务非常全面，无论是微信钱包还是支付宝，都将自动记录交易，比如账户的账簿，这有助于了解每个月钱的去向。"

根据互联网研究公司艾瑞咨询的数据，2016 年移动支付市场达到了 38 万亿元，是美国市场的 50 倍。电子商务巨头阿里巴巴集团旗下的数字钱包支付宝占据了中国市场 54% 的份额，而腾讯控股旗下的微信钱包则占 37%。其他第三方公司分享了剩下的百分比。

为什么会这样？很简单，因为移动支付比传统的货币支付方式简单、快捷、方便太多了呀！

中国互联网协会研究员曾经表示，中国移动支付的快速发展是由于中国银行的服务意识较弱。他说："在全球范围内，传统金融体系薄弱，移动支付和其他非现金支付更为发达。"正是因为传统的金融机构在我们的市场上，没有提供一个足够方便的支付方式，所以第三方支付的便捷性一旦被发掘出来，就发展得一发不可收拾了。

而且，第三方移动支付不仅因为便捷性而被消费者快速接受，对于商家来说也是非常方便的，能够给他们带来许多好处。

如今各种领域和大小企业越来越多地接受移动支付，将智能手机和平板电脑变成销售终端。对于他们来说，第三方支付也有一些特别的好处，而且这项技术可以对生意有利。

首先第三方支付减少了设备费用，利用现有设备就可以支付。思科发布的一份报告显示，截至2014年，全球已联网移动设备达74亿部，智能手机占其中的88%。考虑到现在世界上的智能手机比人多，很有可能你和你的员工已经拥有了将你的结账过程演变成销售终端的设备。移动支付不仅消除了投资昂贵的销售终端设备的需求，还可以通过电子邮件或短信向客户提供收据。如果你偶尔在路上做你的生意，你可以通过支付处理器的安全应用程序，直接从你的移动设备上安全地处理移动支付。

而且，移动支付还可以满足那些依赖移动设备的客户的偏好。有报告称，近80%年龄在18—44岁的消费者每天会随身携带移动设备

赵春林和太平洋建设集团董事局主席严介和合影

22 小时。在这种人与移动设备相互依赖的情况下，人们习惯于使用手机，很容易将移动支付融入日常生活。到 2017 年，移动支付的普及率不断上升，每年的增长率约为 35%，正是移动支付市场恰逢其时、适应人们喜好的表现。

而且，移动支付有效提高了商家的生产力，让一切变得更加简单。有了移动支付系统，你就不需要写发票并去清点你的收款账单。有些支付系统甚至可以直接与你的会计系统集成，因此所有的交易都是自动记录的。我们也省去了很多整理现金的时间，更不用担心收到假币了。

移动支付还可以提高客户忠诚度，让客户再次来消费。比如支付宝平台，每次顾客消费完之后，都可以领取一定的奖励金，这就是第三方支付在集成客户忠诚度、进行奖励计划。统计数据显示，易用性是影响消费者对忠诚度计划感觉的最重要的因素之一。如果一个移动支付系统让你摆脱了卡和现金，你的客户会更愿意在这里购物，更不要说还有不定期的奖励了。

所以，移动支付之所以能获得用户，与它方方面面的便利性是绝对分不开的。只有围绕用户展开的互联网金融服务，才能最终赢得用户，这是一个很容易看懂的概念。

支付宝，第三方支付的领军角色

在中国，支付宝可以说是互联网金融在第三方支付领域最佳的领军角色，这一点是毋庸置疑的。相信大多数的中国人，都在生活中体会过用支付宝支付的便利了。

支付宝是中国的第三方移动和在线支付平台，于 2004 年 2 月由阿里巴巴集团和创始人马云在中国杭州建立。2015 年，支付宝将总部迁至上海浦东，其母公司蚂蚁金服仍在总部所在地。

2013 年，支付宝取代 PayPal 成为全球最大的移动支付平台。在 2016 年第四季度，支付宝在中国 5.5 万亿美元的移动支付市场中占有 54% 的份额，是世界上最大的，尽管它的份额从 2015 年的 71% 下降了，被竞争对手腾讯的微信支付迅速赶上。

支付宝提供了一种第三方托管服务，消费者可以在该服务中验证他们是否对自己购买的商品感到满意，然后才向卖家提供资金。该公司表示，这项服务弥补了中国消费者保护法的薄弱之处，让消费者可以享受到的服务更好，让商家更愿意遵守质量和服务为上的原则。

支付宝称，它与包括 Visa 和万事达在内的 65 家金融机构合作，为淘宝和天猫提供支付服务，还有超过 46 万家中国企业在线销售。在国际上，全球有 300 多家商家使用支付宝直接向中国消费者销售。它目前支持 14 种主要外币的交易。

中国央行于 2010 年 6 月向第三方支付提供商发放了许可证规定，还为外资支付机构发布了单独的指导方针。由于这一点，支付宝（支付宝，占中国非银行在线支付市场的一半）被重组为由阿里巴巴首席执行官马云控制的国内公司，以方便监管部门批准该牌照。从此之后，支付宝开始了在第三方支付领域的快速发展过程。

一个重要的分水岭是 2013 年，在这一年，支付宝推出了金融产品平台，即余额宝。余额宝的资金投资为支付宝平台引来了大量用户，从此支付宝的应用变得更加方便快捷，而且自成体系，在线上消费也更简单了。

支付宝的海外版 Alipay 甚至支持跨境在线支付。这个功能使支付宝用户可以通过支付宝在国际商家的网站和商家的应用中进行购买。在购买过程中，支付宝可以从用户的支付宝账户中扣除支付金额，并将款项支付给不同外币的商户。

这个功能对那些能够吸引支付宝用户，更具体地说是中国客户的外国商家来说是有益的。它使中国客户可以在其他国家使用支付宝。例如，支付宝用户可以在英国塞尔福里奇购物时使用支付宝。2016 年 9 月 26—10 月 10 日，塞尔福里奇百货公司和支付宝推出活动，规定消费者用支付宝在塞尔福里奇百货公司付款达到一定额度，就可以获得额外的优惠，这帮助支付宝在海外扩展了许多市场。

如今，为了迎接中国黄金周，越来越多的英国商店，如车身商店，已经实施了支付宝付款，这使得消费者更容易把钱花在国外。包括哈罗德百货和塞尔福里奇百货公司在内的传统百货商店，现在对支付宝这样的数字平台更加热情，接受度也更高。

现在，很多人选择在生活中使用支付宝，为什么会有这样高的普及率？我们随便看一下，就知道支付宝能给我们的生活带来哪些便利。

首先，可以选择支付宝支付日常开支。人们可以在网上支付家庭或个人的账单，比如水和电费。客户可以在"我的申请"选项中找到支付环节，选择水或电公司并输入付款号码，然后支付账单。当交易完成后，客户可以通过支付宝交易记录找到公司名称、付款金额和收据。此外，人们还可以用类似的方式来购买手机或支付有线电视的费用。

其次，支付宝的转账也十分安全方便。通过使用支付宝，转账可以从一个支付宝在线账户到另一个账户，或者从网上账户到银行账户。用户无须面对面就可以在线转账。转账链接也可以在"我的应用程序"中找到，两个账户之间的转账是免费的。使用支付宝将钱转入银行账户比在银行柜台转账要便宜得多。

再次，支付宝兼具有融资功能。用户可以把钱存到支付宝，并定期收到一些收入。在支付宝中有一个叫作"余额宝"的项目，该项目与"天弘基金"合作，负责财务管理。用户可以在余额宝中存钱，并在同一天使用这些钱支付、转账或取款，同时，人们每天可以得到一小部分的收益，这是基于存钱的金额决定的。对于基金公司来说，企业可以通过支付宝获得大量的金融资源，扩大业务规模，吸引大量的网络客户。支付宝可以从基金公司获得一些津贴，也可以让人们更多地依赖支付宝的使用。

最后，支付宝作为平台保障了第三方支付的安全性。支付宝提供多种安全机制，以确保用户帐户安全。支付宝账户要求用户设置自己的登录密码和单独的支付密码，两者需要不同，用户输入登录密码 5 次，支付密码 3 次。一旦不正确次数超过限额，账户将被锁定，它需要支付宝的员工来解锁。

与此同时，支付宝也有一个有约束力的手机安全措施。当客户在使用支付宝进行交易时，他们会收到一个通知，他们的支付宝账户正在被使用，所以用户可以知道这是否是他们自己的操作。"支付宝实名认证"是一种身份识别服务，可以帮助检查买家和卖家的身份，以及他们的银行账户信息。支付宝还安装了数字证书，可以加密通过网络发送的信息，防止黑客窃取密码，从而提高在线交易的安全性。

种种技术支持下，支付宝才能发展成为中国领军的第三方支付平台。试问现在，还有谁没有用过支付宝呢？

微信支付，如何发起逆袭

每一个在中国第三方支付领域做大做强的企业，都拥有雄厚的实力和背景，尤其拥有海量的用户支持。支付宝的快速发展，跟淘宝网大量的依赖性用户离不开，而微信支付之所以能在后期逆袭支付宝，不仅跟上了支付宝的发展速度，甚至一度超越支付宝的市场占有量，也跟腾讯这个平台无法脱离关系。

微信支付之所以被很多人所喜爱，正是因为它搭载在"微信"这个备受人欢迎的社交软件上。它在 2011 年首次发布，到 2017 年，它是每月活跃用户最大的独立消息应用程序之一，每月活跃用户超过 9.63 亿。它有许多功能和平台，被称为中国的"包罗万象的应用程序"。

这个 app 的原始版本是由张小龙发明的，由腾讯 CEO 马化腾命名，于 2011 年首次推出。政府积极支持中国电子商务市场的发展，例如"十二五"规划，所以微信的发展正逢其时，很快拥有了一定占有量。

到 2012 年，用户数量达到 1 亿，微信更名为"WeChat"，为国际市场的发展打开了大门。

微信在 2016 年的月活跃用户超过 8.89 亿，其中 90% 是中国人。相比之下，2016 年，Facebook Messenger 和 WhatsApp（在西方更知名的两种竞争国际即时通讯服务）拥有约 10 亿月度活跃用户，但没有提供微信的其他服务。据报道，在 2017 年，超过一半的微信用户每天花在这款应用上的时间超过了 90 分钟。

这就是一个天然的用户群，当人们依赖于这个社交软件的时候，借助这个社交软件来提供更多服务，用户不仅不会觉得冗余，还会觉得更加方便。所以，你可以在微信中寻找到很多有趣的应用程序，在这里和你的朋友玩游戏、开视频聊天、互相发自制的表情包甚至是理财交水电费。如果你想开发微信的全部功能，也许所有的休息时间都可以消耗在这个平台上。

微信钱包就是这样出现的。在中国，提供银行账户信息的用户可以使用该应用程序来支付账单、订单商品和服务、转账给其他用户，如果商店有微信支付选项，就可以在商店支付。

微信支付是将数字钱包服务并入微信，允许用户在联系人之间进行移动支付和转账，这一点跟支付宝平台是不一样的。作为依赖于社交软件存在的第三方支付应用，微信支付更愿意发挥出这个优势，所以大量的朋友间资金流转都是在微信中进行的，而不是在支付宝上。

每个微信用户都有自己的微信支付账户。用户可以通过将他们的微信账户链接到他们的借记卡，或者从其他用户那里获得资金来获得一种平衡。链接信用卡的用户只能向供应商付款，不能用来充值微信余额。微信支付可以用于数字支付，以及来自参与供应商的支付。截至 2016 年 3 月，微信支付在全球有超过 3 亿用户。2016 年 4 月，微信投资 1 亿元，加速微信的市场扩张。

微信的"红包"功能，让越来越多的人开始使用微信支付。2014年的中国春节，微信推出了一个虚拟红包分发的功能，仿照中国传统，在节日期间朋友和家人之间交换红包。该功能允许用户将钱发送给联系人和微信群作为礼物。当发送到微信群时，钱是平均分配的，或者是随机的红包。这一功能甚至是在中国中央电视台春节联欢晚会上推出的。在春晚期间，观众被要求在直播中摇动手机，从红包中获得赞助的现金奖励。红包功能显著增加了微信支付的采用。推出一个月后，微信的用户基础从 3000 万增加到 1 亿，在春节期间发放了 2000 万个红包。2016 年，春节期间共发送了 32 亿个红包，其中 40.9 万个红包在春节的午夜零点被发送。

2016 年，为了抵消银行转账费用，微信团队开始收取服务费，如果用户将现金从微信钱包转移到借记卡上。每个用户有 1000 元的免费提款限额。超过 1000 元的提款收取 0.1% 的费用，每次提款最低为 0.1 元。其他支付功能包括红包和转账仍然是免费的。

可以说，只要红包存在一天，微信钱包的用户容量就只会越来越大。人们现在已经习惯了在自己的微信群里"互抢红包"，或者将传统的过年红包转为微信红包发放给亲朋好友。每个要使用红包功能的人，都在使用微信钱包，由此可见微信支付的用意了。可以说，是红包功能的推出让微信跟支付宝有了一争之力，甚至超越支付宝的份额。

微信支付在中国的主要竞争对手，是在线支付的市场领导者阿里巴巴集团的支付宝。阿里巴巴创始人马云认为，红包是"珍珠港事件"，因为它开始侵蚀支付宝在中国在线支付行业的历史主导地位，尤其是在P2P转账领域。这一成功促使阿里巴巴也推出了自己版本的虚拟红包。其他竞争对手，百度钱包和新浪微博也推出了类似的功能。

然而，这些并不能阻挡微信因为平台优势带来的快速发展。腾讯在2017年报告称，微信已经超过阿里巴巴，拥有6亿活跃的微信移动支付用户，而阿里巴巴的支付宝则是4.5亿。借助小小的红包，微信支付实现了一次令人惊叹的逆袭。

简单支付促进资金流动

第三方移动支付平台在全世界范围内都是备受关注的。根据数据表明，第三方移动支付正在成为许多行业市场参与者的关键工具，通过移动支付可以获得新的增长机会。新技术解决方案直接改善了运营效率，最终导致成本节约和用户增加。

可以说，第三方支付这种简单高效的支付活动，不仅可以有效地降低运营成本，还能够提高用户的数量，是非常完美的促进资金流动的方式。在这样的环境下，资金可以在更加广阔的平台上，更快速、更及时地得到流转，就是一种对资源的高效利用。

为什么说第三方支付的平台模式可以让成本节约？因为它很好地降低了边际成本，用大数据的计算模式和平台运营，减少了银行处理资金的时间，也减少了服务者在收付款过程中浪费的精力。尤其是对大量的小体量资金流动而言，第三方支付带来的好处是很多的。

在第三方支付平台上，资金的配置和调用不再是一件复杂的事情，人们可以在互联网平台上实现资源的高效合理利用。这种配置不是人力进行的，是平台通过计算得出的，所以资源的流转不再是问题，不管是大体量的资源流转还是小体量，在平台上所耗费的信息量都是一样的，没有人力物力之间的差别。在传统的经济模式下，大体量的资源流转当然会比小体量更被重视，企业大规模的资金运转天生就比个人更具有优势，也更容易被银行等关注。但现在，第三方支付等互联网金融平台的出现，让个人的力量得到了最大限度地体现，不管是从信息的获取还是从促进资源流转的角度上去看，角色差异正变得越来越小，更多的金融活动都可以用最少的成本去解决。

除此之外，第三方支付还可以在任何时间段促进资金流动，不受人力和成本限制。因为第三方支付平台上，任何一个支付活动都是非常高效的，随时可以进行，毫无延迟即可达成，这样的每一次高效利用都是在降低流通成本。

充分调动产能是每一个生产者的理想状态，假如你拥有一台机器，在可能的情况下，当然是希望这台机器可以 24 小时不停运转，不断生产订单产品并出售，这就是充分调动了产能。但事实上，情况当然不可能这么理想，我们的订单不可能时时都有，所以很多时候机器都是被闲置的。当机器的使用率降低了，流通成本就相对提高了。

但现在因为金融平台非常广阔，我们可以在更广阔的市场上接收订单，就能够保证机器在更多时间段内都是运转的，调动起了产能，流通成本也就降低了。

第三方支付还可以扩大现金流收益，这也加速了市场上的资金流动，将移动支付纳入商业模式为客户和商家提供了现金流收益。根据数据，通过接受移动支付，客户可以灵活地使用手机或者信用卡支付——这一偏好正因为现金使用的不便而流行起来。对于企业主来说，移动支付也可以加快将客户销售转变为支持金融稳定所需的流动现金流的过程。大多数移动支付处理器在交易批准后 72 小时内将资金电子化到商业银行账户，在中国的大多数第三方支付平台上，更是能够做到即时完成这样的行为，让商家容易得到稳定的现金流。

不仅对商家，其他的服务者也可以从第三方支付中获取资金流动加速的好处。传统情况下，商人、园丁、清洁工和其他小型服务企业可能要花很长时间去处理资金，再处理发票等票据，然后等上几个星期才能拿到自己应得的利润。有了移动支付系统，你可以在完成工作后要求付款。这就是良好的现金流管理！

而且，第三方移动支付能够减少购买中犹豫不决的情况，促进了消费，也加强了资金流动，让钱在市场中运转了起来。零售商都经历过这样一种情况——消费者对一种产品感兴趣，但他们可能拒绝排队付款，或者因为携带的钱不够而犹豫不决。通过移动支付系统，零售商可以让他们的员工当场接受付款。喜欢就可以买，你可以在一分钟内出门，这是一种很大的诱惑。

在北京的某些超市，我甚至已经体验过手机自助付款，连去柜台结账排队的时间都省下了，只需要自行扫码即可完成付款活动，这就是第三方支付带来的便捷与好处。消费过程变得简单了，人们就更愿意花钱，自然让资金更好地在市场中流动起来。

第九章

互联网理财
与保险

理财保险依托互联网，市场更广泛

随着技术在通信、交通和金融流动方面的飞跃发展，让人感觉世界越来越小，市场越来越大。比如，由于国际贸易在互联网上的发展，公司和消费者在世界上几乎所有国家都有可能开展业务。根据世界贸易组织的数据，1951—2010 年，国际商品贸易总额增长了 33 倍，这与互联网技术的发展是离不开的。

现在，金融领域的另一个重要内容也被搬到了互联网上，那就是保险理财业务。这种涉及复杂规则和大宗资金的业务，过去往往都是在网点办理的，即便现在大量的银行也开始发展自己的网上业务，也很少将保险理财搬到网上。

赵春林和哈佛大学教授

他们倾向于面对面由保险经理或者理财经理与客户交流，这种一对一的交流与沟通，可以让客户更好地选择适合自己的理财业务，或者办理更多的保险。这在过去是非常典型的一种模式，但是现在，伴随着越来越多的人熟悉保险或者理财的内容，大家其实已经不再需要保险或者理财经理的详细介绍，自己也能够挑选出适合自己的产品，尤其是那些内容相对简单的产品。所以，这种面对面的交流更多地就有了推销的意味，而不是单纯的介绍。

他们的目的，当然是让我们购买预计之外的理财产品或者保险产品。所以，很多人都十分抗拒保险营销，总觉得这是一种营销套路，不仅没有扩展保险的市场，反而让人们对保险的认识产生了偏差。

这种情况下，将内容简单的保险理财产品搬上互联网，带来的好处就明显多了。首先，保险理财产品搬上了互联网，信息的交流就变得透明化了，对顾客也好，对保险理财的公司也好，都进入了一个更加广阔的市场中，这就是一个资源在更广阔区域流动的典型例子。

对互联网金融领域来说，如果有些资源受困于资源流转的范围不够大，因而导致其利用率不高，那么建立一个平台就是非常良好的解决办法和技术。建立一个共享信息的理财保险平台，人们可以在平台上寻找到合适自己的理财产品，不必局限于自己的地域圈子或者匮乏的消息来源，这就是一种资源的更大流转平台，这就是人们过去所说的"市场"。

互联网金融平台，就是一个让市场扩大化，让资源利用最大化的工具。

以简单的打车为例，在过去出租车载客的范围是非常小的，只有在路边看到有人需要出租车才能接单，所以只有司机周围的街道或者区域才有可能产生交易。但是现在借助共享平台，出租车也一样可以获得来自更远处的信息，并根据自己的位置和目的地情况去选择是否要接单。这样，出租车司机就克服了自身位置的局限，可以获得来自更远范围内的客户。

而不同的司机如果都对客户的要求进行了应答，平台就会从很多方面进行考核，自动选择更好的一位司机。比如根据两辆车的位置来考核哪辆车能更早接到客户，或者根据司机的评分来选择服务态度更好的一位，这就是一种客户对资源的挑选能力。在过去这种行为是不可能存在的，但现在我们可以更便捷地享受到更好的服务，这就是来自于平台的优势。

所以，理财产品搬上互联网，虽然可以获得更多的用户，但是也面临更多的竞争。过去人们在线下咨询理财产品，充其量只能在几家银行中选择推荐的几款，可以挑选的范围很小，竞争也就小不少。但是当五花八门的理财产品都摆在面前的时候，人们的选择范围就大了很多。

在这种情况下，因为消费者对类似的产品有更多的选择，保险理财公司必须确保他们的产品在质量和负担能力上都是高的，这在侧面加强了市场竞争，提升了理财保险的内容质量。此外，这些产品能不能在全网推广，营销也是一个需要考虑的问题，它涉及文化、市场饱和度和客户行为习惯，在广阔的互联网市场上，这些是很难捉摸的，差异化很大。

曾经，可口可乐公司发现"饮食"一词在拉丁美洲带有负面含义，就将其零卡路里产品的名称改为"可口可乐"。美国的联合快递公司UPS，在得知他们的标志性的棕色卡车就像西班牙的灵车后，以一种不同的颜色在当地发布了一个不同颜色的车队。这就是根据文化、受众做出的改变。而在互联网上，针对不同地域、不同年龄、不同城市和不同资产的消费者，要针对性提供的理财产品也有很多。

大数据的存在可以帮助保险公司对客户群进行细分，并且精准地推荐客户可能需要的产品，这就是通过技术来解决当前的问题。

对用户来说，直接在线购买保险，可以获得相同条件下收益最高的那一个。筛选网上报价可能是最简单的方法——你在任何时间里都可以做，你不必和任何人说话交流，就能直接购买保险，这是一种非常方便的方式。而且，在线保险或者理财产品的经营成本是比线下低的，因为不需要理财经理面对面地对每个用户进行宣传和指导，仅仅是人力就节省了许多，所以收益会更高，这也是用户和企业双赢的一件事。

当然，一些条目复杂的保险理财产品还是应该在线下进行更加深入的交流，或者有一个专属的经理帮忙推荐操作，以免因为误读内容出现误判。但是大多数简单的理财或者保险产品，我们都可以搬上网络操作，绝对是双方都不吃亏的。

大数据让用户更精确

在分析领域的领导者 SAS 公司，将大数据定义为"大量的结构化和非结构化的数据"。大数据，就是通过分析软件，揭示与消费者偏好有关的信息。公司使用大数据来创建个人简介，并预测未来的购买决策。在理财保险这个领域，不同类别的产品千千万，不同风险承受力、不同年龄、不同特点、不同生活习惯的用户，都适用于不同的产品。在过去，人们需要人工交流才能判断对方的需求，但在现在，只要收集用户的大数据，一样可以轻松定位用户，提供个性化的理财保险产品。

你有没有想过，为什么同样的产品总有令人讨厌的广告不断刷屏？

最有可能的是，这个广告不是突然出现，是因为你在网上搜索了类似的产品，才会给你定向推送，定向广告是大数据的主要例子。大数据让企业有机会通过研究他们在网上浏览内容的方式来更好地了解他们的消费者。当消费者在网上浏览，不管是点击、搜索和购买决策都会被跟踪和记录，最终数据被分析和提供给企业，以便更好地针对他们的客户。

现在，大数据不仅被用来揭示互联网用户的趋势，甚至也被用于实体店。在国内一家食品杂货连锁店，通过他们的会员计划可以提供大数据支持。这家杂货店的会员计划会单独跟踪每一位客户，以创建一份具体的个人资料。当顾客来到当地的杂货店购买任何产品时，会员卡就会收集和分析这些数据。通过查阅会员计划的数据和客户的信用卡交易信息，购买决策被跟踪并用于更好的目标客户。此外，为了留住顾客，这家连锁店还会根据客户的购买历史，通过分析数据提供优惠券。

你会发现，希望节省时间和金钱的公司，将会受益于使用大数据，可以更有效地帮助目标客户。大数据为公司提供了更好地了解客户习惯和预测未来支出决策的能力。这一点在互联网金融行业体现得淋漓尽致。

当理财保险公司在联系客户和潜在客户时，信息可以帮助他们更好地快速分析客户的喜好和相关背景，并且自动给出合适的产品推荐。这意味着，只要写好一个专业的分析算法和构架，大数据分析系统就能代替成千上万的基层产品经理，帮助人们对产品进行选择。

我们必须认识到，拥有数据和知道如何以功能的方式组织数据一样重要。分割用户群和分析数据清楚地帮助我们组织我们的数据，以一种可以提高销售的方式给用户更好的服务。对于一个理财保险门户来说，应该注意提供给不同的客户不同的产品选项，每个客户不应该看到相同的报价、选项、产品和页面。早就有更具前瞻性的在线营销人员认识到，让每个客户在其网站上的体验个性化，可以在最终销售、客户忠诚度和企业的长期盈利能力上产生巨大的差异。

事实上，在许多市场上，客户实际上都是根据他们是谁、他们以前买过什么、甚至是如何来到这个网站，来期待个性化定制的产品和体验。他们希望得到贴心的服务，比如年轻人希望有灵活的、随取随用的理财产品，老年人希望得到良好全面的医疗保险，但这在网站上是很难直接体现的。

怎么办？我们只能靠数据说话，对客户在网上留下的数据进行分析，拼凑出"他"的形象，定位他们是谁，他们关心什么，他们需要哪些产品或促销。没有数据，你怎么能知道哪种类型的客户会做出最好的反应呢？当平台可以做到这一点，就能够识别出技术、工具和策略的正确组合，以个性化每个客户的经验。

大数据的概念对于寻找个性化客户的网络体验的方法大有希望。

赵春林考察湖南炎帝生物集团

客户行为和历史上的大量数据可以通过网站获取，并在决定网站应该如何工作、客户对哪些内容做出响应以及理解客户基础上的离散部分方面做出了宝贵的决策。能够利用大数据能力的人将能够根据证据做出决策，而不是臆测——使他们在竞争中获得明显的优势。

当然，要理解大量数据，这些数据可能以不同的形式存在，有不同的来源，这并不容易。更重要的是，很难将这些信息转化为"个性化"，这对客户来说是有意义的。

大数据的分析一定要足够成熟，对于划分理财保险个人客户是至关重要的。它需要采用预测性行为目标和优化技术来消除复杂性，系统需要能在任何时间、任何地点进行实时的数字决策，这一点很不容易。

对于大多数理财门户来说，注册用户提供了大量个性化的数据，这些数据是你最理想的客户。但是一旦客户已经注册，你该怎么处理这些数据呢？

这些数据不只是用于跟踪点和过去的保留，它可以被用来对每个客户进行即时的促销和推荐，根据数据分析和客户的喜好，适时推送他们可能感兴趣的内容，可以更好地促进理财保险产品的宣传。

在大数据时代，每一个来到网站的访问者都有他们独特的"虚拟个人资料"，他们可以在网站上实时定制服务。观察他们以前购买的产品、购买频率、过去购买的性质，以及他们点击的广告或阅读的行为，可以帮助平台明白应该向每个人提供什么内容和服务，以及什么时候提供。在这种情况下，线上理财保险的效率一定会变得更高。

移动化、简单化的保险理财

保险理财搬上网络，无疑是更加灵活简单的，让保险和理财完全变了一个模式，深受现在保险理财企业的喜爱。

比如，目前除了与中国最大的在线网站淘宝商城合作，一些保险公司还将接受移动聊天应用微信作为吸引顾客关注的一种方式。总部位于北京的泰康人寿就已经通过微信推出了一个 beta 版本的健康理财政策，截至 2013 年年底，该公司的用户基数为 6 亿。

在这个理财或者说保险的服务过程中，用户通过银行卡交易或微信的嵌入式支付功能，只需支付 1 元就可以购买产品，一旦出现条款中的问题，就会获得 1000 元的保险赔付。

价格更低，购买方式更加简单，是这种新型保险的典型特点。只要在微信的平台上进行简单的点击购买，你就能获得保障，我想大多数人甚至都会忘记自己买过这个保险——因为过程实在是太简单了。

当然，这种保险也有针对性区分，更加灵活，它为 18—39 岁的人提供 1 元的保险，而 40—49 岁的人可以获得 300 元的保险，因为这个年龄段的人投保风险更高、需要保障的内容更丰富。

对于传统的保险企业来说，他们更愿意在网上推广自己的产品。"我们的目标是让人们了解保险的互助特性。"有从业人员表示，而互联网是一股有影响力的力量，正在重塑这个行业。

如今，淘宝已成为保险公司利用越来越多的网民销售理财保险产品的主要途径，用户通常更喜欢创新和个性化的促销方式，而不是老式的强买强卖。例如，淘宝和德国保险公司安联推出了一项"全月"

保险政策，承诺在中国中秋节期间无法赏月的情况下，向保单持有人
提供补偿。

　　这是不是十分灵活有趣？简化了保险流程，让保险从购买到赔付，
过程变得越来越简洁，内容也就越来越五花八门。人们只需要有一个
手机，就可以移动投资各种保险理财产品，过程也十分简单，

赵春林和中国决策科学院副院长李新政教授出席大连诺贝尔论坛

　　互联网为保险经纪人增加了一个零成本效益的分销渠道。那些先
发现这一点的人在网站上提供产品，致力于直接的营销模式，掌握技
术的所有权，并利用网络的数据库建设自身的用户库，就意味着注定
要成功的。

　　举个例子，微信的定制产品概括了电子商务、移动和社交网络的
特点。现在，大量的理财保险品牌都在尝试创造引人注目的内容，让

品牌进入微信的内部圈子。

据中国社会商业观察公司（CIC）的一项年度研究显示，微信与用户的手机绑定在一起，将社会互动提升到更高的水平，比如语音信息和基于位置的服务等功能。这个研究将微信描述为一种客户关系管理的磁铁，连接了服务商和用户，允许营销人员直面他们的消费者，开发线上到线下的策略，并针对他们喜欢的受众进行推送。

在这种平台上，互联网的保险理财产品一旦推出，很容易得到推广，当然前提是一定要有具有一定的质量、足够的吸引力的产品。而微信平台自身的便捷性，让保险产品的购买、用户注册都变得非常简单。当你选择了微信平台上的保险产品时，只要选择同意保险公司获取你的信息，他们就能迅速与微信共享你的用户数据，并在最快的速度下给你提供针对性的服务。有些时候，这种分享确实有泄露隐私的感觉，但不得不说，这种数据分享可以在最快速度下帮助我们得到最好的服务，这就是便捷、简单的互联网保险理财产品。

至少我们省下了大量的时间和精力，不必再与理财经理面对面地交流并表明自己的需求，这就让理财保险的过程变得简单了许多。而且在这个过程中，购买产品的流程也很简单，因为平台本身已经验证过了用户的身份，有了安全保障，就不必再多次提交各种个人信息了，这让办理业务的过程变得非常短，就像在淘宝上购物一样。

要是在线下，你是绝对享受不到这样的服务的，所以从不管哪个角度去看，只要这些保险理财业务可以搬上互联网，对掌握了互联网购物技术的人来说都是一件好事。

产品好不好，还是要看内容

不管是什么样的理财与保险产品，要搬上互联网实现成功，没有内容和品质是绝对不可能成功的。有些人认为，既然理财保险在互联网上的优势这么大，是不是只要掌握了好的渠道，就算是最差劲的产品也能销售出去？是不是只有线下推销不出去的产品才会被放到互联网上？

这就错了。在互联网上的理财产品，不仅不能比线下差，还应该在竞争中更加提升品质，只有品质到位了，人们才会选择你的产品。要知道，互联网是信息透明化的地方，产品好与不好，人们都可以通过对行业的了解、和其他产品的比较得出结论。比如同样的投资周期，一个产品年化收益6%，另一个7%，在相同的风险下，该如何选择谁都知道。

所以，可以挑选的产品多了，市场大了，反而要用最好的品质去赢得用户，这也是为什么网上理财产品利润丰富的原因。因为搬上互联网的产品经营成本低了，所以这部分利润就可以反馈给用户，理财保险产品有竞争力。

在进入互联网时代之前，一个产品想要成功，首先要打造的就是口碑。好的口碑是一个企业立足的基础，代表了消费者的承认，才会有人愿意去掏钱购买。而进行口碑的宣传也很简单，就是传统媒体如报纸、电视等，企业做做广告，打响自己的产品，就可以坐等消费者来购买，然后树立自己的品牌形象。

但是随着市场越来越复杂，你会发现，一些过去有好口碑的品牌逐渐消失了。消费者提起它们的时候还是会用赞许的语气，但是生活中却不见得为这些品牌掏钱，这到底是为什么呢？很简单，是营销没有跟上。

所以，在相当长一段时间里，人们认为互联网时代是"营销为王"的时代，不管你的产品有多差，只要有个好的营销人，一样能够找机会卖出去。然而，事实上真的如此吗？

在市场逐渐成熟的现在，单一的营销已经不能获得有效收益了。如果你的成本都放在了营销上，没有注重产品的打造，可能迎来一波"不明真相"的顾客，但当他们"不满意"的反馈传播开后，后续的发展就基本上被封锁了。

没有产品的营销，被我们称为"传销"，而没有好产品的营销，也只比传销好了那么一点。它给企业带来的好处只能是昙花一现，对真正打造一个品牌和企业毫无益处，甚至带来负面的影响。以品质营销、口碑营销，才是企业长久发展的根本。

作为定位于互联网平台的理财保险机构，我们要做"尖叫"的产品，就一定要注重第二个原则，那就是在用户中有好的口碑。在大多数情况下，一个质量好、能让用户"尖叫"的产品，口碑一定是不差的，但是互联网上不一定符合这个常识。光让产品有可以令人尖叫的品质还不够，还得让用户产生"我应该尖叫"的感知才行。

可以说，做互联网金融，感知比产品更加重要。我们之前强调的第一眼品质也是如此，品质很重要，但是第一眼就让用户感知到"品质好"更加重要。所以，用产品塑造口碑是对的，但我们一定要先有产品，然后再有意识地去塑造口碑，不要止步在推出产品这一个环节——想让你的产品自动带来口碑，实在是有些艰难。

让用户感知到产品的好，一定要利用好互联网上的传播效应。之所以在互联网平台更应注重口碑，正是因为互联网上口碑的传播速度实在是太快了，今天一个理财产品的提现时间晚了，明天也许一大半的投资者都会产生恐慌和怀疑，口碑的崩毁只在一瞬之间。但是，只要我们能利用好口碑的传播效应，塑造口碑也比在线下容易的多。

所以，在互联网上做理财产品，不仅要抱着做金融的心态和想法，更要带着做互联网企业、做电商的态度，只有品质和平台相结合，才是强强联合。

互联网金融，让理财选择更多

在中国，互联网金融的出现，让人们的理财有了更多的选择。尤其是现在的互联网理财产品市场，不是一枝独秀而是百花齐放，不同的科技公司都联合理财保险公司，共同推出了属于自己的互联网金融产品。这个互相竞争的态势，让用户得到了最大的利好，可以从中根据自己的需求和倾向挑选出更多的心仪产品。

赵春林出席凤凰卫视"宏观调控下的中国房地产趋势"提出"土地和人口的二元结构必需向一元结构转化才能有效抑制房价"的科学论断

对于中国的科技公司来说，在线投资理财平台是新业务的重要来源，尤其是对市场领导者阿里巴巴而言。截至 2015 年 1 月 15 日，余额宝有 4900 万客户，甚至超过了阿根廷的人口。腾讯、百度、新浪等竞争对手都希望紧跟阿里巴巴的脚步。

而这个投资理财平台开拓的过程中，不同的公司推出的产品也具备不同特点，因为在争取这个新市场时，以上的这些公司似乎坚持自己的竞争优势，不管他们的专长是电子商务、在线搜索还是社交网络。当然，对用户来说绝对是一件好事，他们的选择就更宽泛了，类别也更多。

与其他互联网公司相比，阿里巴巴能够很好地提供金融服务，因为除了运营全球最大的电子商务平台，该公司还拥有一个成功的在线支付工具——支付宝和一个小型企业贷款部门。2016 年，淘宝和天猫处理的商品总量，淘宝和天猫处理的商品总量超过了 1 万亿元，超过了海外市场上亚马逊和 eBay 的总和。这意味着，阿里巴巴在金融行业不管是技术还是经验，都已经有了足够的领先优势。

许多支付宝用户自然而然地将余额宝产品作为一种赚钱的方式，这些资金已经在他们用来从淘宝和天猫购物的账户中获利。随着基金的增长，许多人开始将他们的全部积蓄投入到产品中。

受阿里巴巴成功的启发，腾讯也于 2014 年 1 月加入了一个投资平台——理财通，旨在利用该公司在社交网络方面的专业优势，推出属于自己的理财产品。该产品允许腾讯微信手机应用程序的用户直接将资金转移到中国资产管理公司旗下的一只基金。为了吸引用户，该基金最初 7 天的年化收益率为 7.3940%。

微信拥有超过 6 亿的用户，相当于中国人口的一半，但很少有人把微信与他们的银行账户联系在一起。但自理财通推出以来，腾讯在这方面取得了进展。腾讯公司为中国新年推出了一个成功的促销活动，允许微信用户互相发送"红包"，这是假日期间传统上交换红包的数字版本。这次推广成功地促使许多新用户将他们的银行账户与腾讯平台连接起来，这使得腾讯公司有能力在未来推出更多样化的盈利产品。

所以，对微信平台使用有依赖性的用户，就可以选择微信理财通作为自己的理财投资首选，这样不仅方便了日常资金运转，也能够获得比较好的收益。

而作为中国最大搜索引擎的运营商，百度在推出其4种现有投资产品时，采取了不同的策略。最初强调与传统银行的合作关系，因为百度的用户基础比阿里巴巴小得多，所以不得不寻求外援，但百度认为，和银行合作旨在建立百度支付平台长期战略的一部分。然而，2015年3月，百度首席执行官李彦宏宣布，该公司已成立合伙企业，申请私人银行执照，这将使其能够直接管理投资。所以，百度也在不断的摸索当中找到属于自己的道路，而一开始跟银行的合作关系让百度的理财产品更加有保障，相信也会有人愿意投资。

对于所有主要的供应商来说，在线投资服务似乎更倾向于吸引用户到他们的支付平台，而不是产生利润，至少最初是这样。尽管这些公司都没有公布这些服务的成本和收入数据，但分析师们推测，如果它们能盈利的话，在线投资平台只能产生微薄的收入。在这种情况下，用户得到了最大化的收益，是最大的盈利者。

曾有股票研究公司专业人士表示，支付宝向储户收取的资产管理费仅为0.33%，远低于美国共同基金收取的0.5%—1.5%的平均水平，以及中国共同基金收取的1.2%—1.5%的费用。支付宝的服务还提供了浮动而非固定的回报率，表明该公司将大部分收益从资金转移到客户身上，而百度的产品回报率在一开始为8%，但它的回报率也许不能保证，但又不能失信于用户，因此甚至可能从百度自己的口袋里拿出钱给客户。而且两家公司都允许用户从他们的基金中获得近乎瞬间的取款，这意味着他们必须持有大量现金，在放弃投资利润的条件下，要付出高昂的代价。

即便如此，中国的科技公司为了将来建立更有效的支付平台，付出一些损失还是值得的。互联网公司正迅速适应以维持利润，因为他们的许多旧收入来源正在枯竭。可以说中国所有互联网公司都意识到，游戏和广告等传统模式已经超过了他们的临界点。由于支付平台在决定一家公司能否将互联网和移动服务货币化方面至关重要，因此它们很可能在决定未来 10 年互联网公司的命运方面发挥重要作用。

所以，在线投资理财或者支付平台，对于任何面向消费者的生态系统来说都是至关重要的。百度的搜索平台传统上面向商业客户，但该公司正逐渐转向面向消费者的业务。

现在，在线投资产品的监管环境仍然相对宽松，新客户也很充足。但市场不会永远保持不变。即使科技公司加大了服务力度，新的互联网公司和传统银行也开始参与进来。这意味着市场竞争会更大，但也同样意味着，用户的选择会更多样化。

传统理财保险进军互联网

面对科技公司推出的理财保险业务，一些传统银行或者保险公司也正试图通过发展自己的竞争在线服务来应对挑战，尤其是银行。

因为保险业务大多数需要专业的公司担保合作，所以保险公司只需要和现有的科技平台合作，就能推出收益不错的产品。对他们来说，他们的业务方向在互联网金融领域是稀缺的，所以不担心有互联网科技公司竞争，只需要挑选合适的合作对象即可。当然，还意味着要跟竞争对手合作。

而对银行的理财产品推出而言，互联网金融的出现就带来了一些压力。现在，很多银行都在培训员工如何适应数字时代，并推出有竞争力的在线理财产品。对于银行等传统理财机构来说，灵活和创新让他们不足以与像阿里巴巴、腾讯和百度这样的公司竞争，后者已经建立了雄厚的基础和能力，能够迅速推出创新的数字产品。例如，从产品设计到发布，余额宝只花了 6 个月的时间。但是传统的理财保险公司做不到，尤其是体量巨大的银行。

传统银行与互联网之间存在着巨大的冲突——厌恶风险、保守和缓慢。数据公司或互联网公司恰恰相反。要让银行家像互联网公司里的人一样思考，这是非常困难的，但如果你想和那些互联网公司在这一领域竞争，你就必须了解这种文化。

如果银行没有找到竞争的方法，它们就有可能失去中国严格控制的金融体系传统上向它们提供的部分资金。中国仍不发达的金融体系除了储蓄账户和房地产，几乎没有其他投资理财选择，而监管规定也设定了银行可以向储户提供的利率上限。这意味着银行有充足的廉价资金来源，而国人的平均工资还不够高这种固定利率制度使银行获得了近乎保证的利润，使中国银行成为世界上最赚钱的银行之一。

然而，在过去的几年里，来自官方银行体系内外的力量开始逐渐重新制定这些规则。与此同时，中国政府也在逐步放宽规则，允许市场力量在设定资本成本方面发挥更大作用。

例如，2012 年，监管机构开始允许银行在银行间市场以市场决定的利率买卖可转让存单。政府还允许理财产品市场在近年来发展起来，这些理财产品通常能提供 5%—7% 的回报率。当这些互联网金融理财产品推出后，每年投入其中的资金以倍数增长，人们迅速将自己的固定存款从银行里取出来，再投入新的理财产品中。

银行在当时几乎被打了一个措手不及。2014 年，日益增长的资本竞争迫使中国五大银行中的四家将一年期固定存款利率上调至 3.3%，这是央行规定允许的最高回报。多数分析师认为，这些发展是中国利率市场化进程的一个漫长过程。

在这种情况下，传统的银行业也开始进军互联网，对自己的产品进行了线上营销。至少目前，大量的银行都做得还不错，但是要赶上领先的几个互联网金融平台，还是有一定距离。

比如招商银行目前推出的"掌上银行"，就是招商银行自主研究设计的网上金融平台，在这个平台上，你可以完成信用卡还款、查账、投资乃至于线下消费领取折扣等一系列活动，很多内容都与支付宝等第三方支付平台有异曲同工之妙。而且还具备优势的是，借助银行卡进行的资金交易活动额度比网上支付要高得多，对大多数成年人而言，有一张信用卡还是很重要的，所以这种网上金融平台十分必要。

而工商银行近些年开始推广无卡化，即便是在线下进行存取款业务，也不需要带着自己的银行卡，只要下载工商银行的产品"融 e 联"等，就可以通过扫码等方式无信用卡做到存取款。这一点是支付宝等平台做不到的，只要线下还没有设立支付宝 ATM 机，银行的无卡化存取款业务就具备极大的优势。

除了传统理财产品逐渐与互联网金融对接，传统保险业务也开始打破信息壁垒，搬上互联网进行竞争。在过去，人们对保险业的信息了解非常贫乏，甚至大多数人因为保险从业者推销的行为，将"买保险"当作上当受骗。当这种概念根深蒂固，传统的保险业就面临严重的困境。即便是互联网时代到来了，保险业的信息也没有及时搬上互联网，就像是隔离在了这个信息世界之外一样，大多数人还是提到保险就十分抗拒。

然而借助互联网金融平台，传统的保险产品搬上互联网，人们就有越来越多的机会直面这些保险产品，并且能从大量的保险产品当中发掘出他们觉得有价值、更好的那一个。这样广阔的市场，让人们可以找到过去没机会了解到的、适合自己的保险业务，也能起到一个宣传作用，给传统保险留下的错误印象正名。

所以，保险产品也迫不及待地搬上网络，在更大的市场进行宣传。不管是理财还是保险，这样的尝试都是可喜可贺的，都是一次难得的进步。

第十章

大数据金融：
让金融回归本源

大数据时代，金融市场的变动

大数据，几乎每个银行的每个人都在谈论它，但没有人真的确定它是什么。至少，困惑和争论围绕如何在实际应用中使用大数据，以及大数据能否发挥作用而展开：大数据会改变金融营销的未来吗？银行和社会信用系统会被强大的信息浪潮压垮吗？

在大数据时代，金融市场即将迎来巨大的变化。多年来，金融机构利用其内部的洞察力来管理风险和避免欺诈，以及改进产品开发和进行市场营销、客户沟通。然而，今天，新的和增强的技术加上大量结构化和非结构化的外部大数据，允许实时多通道决策，从而节省资金和增加收入，取代了原有的金融模式，至少理论上是这样。

大数据时代到来了，大数据金融已经成为金融市场上的新秀，是互联网金融在传统金融市场上最受人关注和接受的新方向。

整个世界从文明发展的开始到 2003 年之间，一共创造了 5 亿字节的信息，现在每隔两天就会产生同样的数量。这样的数据量，可以反映出很多用户内容，而了解每天创建的数据的价值，可以让银行了解他们的业务、客户、渠道和市场动态，包括新的销售和服务机会。

金融业越来越想要一个利用数据分析的核心系统，以提供更完整的客户视角，这样就可以更好地与客户银行进行沟通。在金融服务行业，虽然有大量关于大数据的讨论，但许多银行刚刚开始整合和利用其处理的许多内部数据元素，如借贷交易、购买历史、渠道使用、沟通偏好、忠诚度行为等。在大数据的背景下，银行将扩展他们目前的结构化见解，包括从网络点击流、社会互动、地理位置洞察和其他类似的信息收集来收集和分析数据。

大数据金融的潜在好处是什么？银行行业内，大数据的介入导致短期内表现出最强劲的业绩改善的领域，包括风险管理、欺诈检测和改进的客户沟通和忠诚度。在大数据的参与下，这些服务相比于过去有了显著的提升。

风险管理和欺诈检测在金融业机构当中都是非常重要的环节。尤其是在2008年的金融风暴中，风险分析和欺诈检测成为首要任务。大数据的呈现，扩大替代渠道的洞察力，增加了数据采集的速度，避免在机构的防火墙之外使用数据，为家庭财务和支出行为提供了一种增强的防护。

例如，随着替代设备交易的增加，以及跟踪客户信用账户以外的行为变化能力，银行可以隔离新的欺诈或风险诱因。这种提高了的洞察力和增强的算法提供了有效降低风险、管理信用风险以及在必要时及时进行干预的优势。

除此之外，金融业一直在研究大数据的技术如何帮助他们更快更敏捷地进行数据分析。首先，分析目标是能更好地理解消费者。大数据可以无缝地匹配"正确时间"提供给客户或潜在客户的需求，允许金融机构优化对有利可图的长期客户关系的管理。大量相对非结构化的数据的计算，为这一目的提供了一个技术保障，可能提高营销工作的效率。

在这一点上，金融业就可以利用精确的地理定位和服务对象的定位，提供其他行业很少能匹配的营销和支付优势。这种方式可以打破过去茫无目的的促销工作模式，从而提高了工作效率且并提高了客户体验。

例如，如果一个客户有去某一地区购物的习惯，分析数据可以提供高度个性化的方案，甚至分析出客户喜欢的食品或者服装类型，这样互联网金融平台可以在最合适的时候推送可能感兴趣的内容，这是淘宝和其他在线销售商使用的相同类型的模型。而放在金融业，这也是可以适用的。

而大数据金融最大的好处是，它能让你在分析能力上取得巨大进步。从基础层面来看，大数据可以提供基于事务、行为甚至社会概况的细分策略的洞察力。这将使金融机构能够提供一个高度个性化的、持续的服务。

不过，目前大数据金融的许多好处都是商家的幻想而已，在当前还有一些想法是没有实现的，或者说实现起来还有些困难。比如，虽然大数据很重要，但并不是越多越好。对于金融机构而言，理想情况下你需要存储、挖掘和分析他们收集的客户数据的每一个碎片，这是不实际的。无可争辩，使用更有效的数据可以带来实质性的好处，包括风险管理和市场营销方面的货币改进，但对于这些好处是否能与所需的投资相比，还能提供足够的投资回报。

所以当前情况下，金融市场对大数据的应用还是比较谨慎的，如果有足够的技术支撑，他们当然可以发挥出大数据的全部价值，但是大多数金融从业者还是认为，最好的数据策略可能是从一点一滴开始，而不是用双脚跳进大数据，最好先试水，优先投资，并通过测试和学习的心态来决定走多远、走多快。

赵春林和中国品牌专家梁中国研究国家品牌发展战略

根据研究，62%的银行认为管理和分析大数据对他们的成功很重要。然而，只有29%的人说他们目前从数据中提取了足够的商业价值。这些挑战对银行家来说太熟悉了，背负着遗留的、孤立的技术平台，他们缺乏分析的专业知识和结构，只能支持数据利用的传统方法，这就是为什么大多数金融机构会发现他们对大数据时代的变化毫无准备。

而互联网平台去做大数据的分析，却显得驾轻就熟，就是因为在专业知识和结构建设上，他们已经有了足够的积累。不过大数据金融不仅仅是由互联网科技公司组成的，整个金融市场都在摸索大数据金融的应用，所以大多数的金融机构在这方面的发展还是任重而道远。

只能说，在使用大数据之前要先学会走路，大多数银行最好的服务是先学习一种大数据的建模方法，在建立一个强大的数据基础后，再去进行大数据分析。当然，在大数据的世界里谨慎行事是一种可行的策略，但什么都不做并不是一种选择。随着许多机构建立了一个大数据战略，从当前竞争对手那里挑选出最好的客户的能力，正日益受到威胁。除此之外，还有许多其他的供应商正在构建新的银行替代策略，收集大量的用户数据，这些都可能对传统金融不利。

金融贸易需要大数据

贸易是一个广泛的术语，涵盖了与货物出口和进口有关的各种交易。这种贸易的融资称为贸易融资。银行通过为进口商和出口商提供风险缓解和融资方案，以促进贸易，并向其收取佣金，从而创造贸易融资产品，如信用证（LC）、跟单托收（DC）、银行承兑汇票（BA）和银行担保（BG）等。

当我们在讨论大数据金融的时候，有没有想到贸易中的大数据呢？并且，当你得到它的时候，你怎么使用它呢？

传统上，金融机构在获取贸易数据方面，并不会遇到什么瓶颈。他们在跟踪客户所做的每件事上都做得很好，而且金融机构已经做了几十年了，早在大数据平台出现之前。事实上，在贸易中，金融机构会首先检查客户的信息有效性、交易意图和商业动机。这种理解和了解客户业务的历史实践已经给银行带来了深刻的洞察力和丰富的信息，而这些信息正是大数据运作的主要内容。

你会发现，对于贸易中的大数据，最大的挑战在于找到隐藏的价值。银行在另一方面，往往是不太善于利用他们的财富，这里不是指现金，而是数据——是很多数据。这可以归结为银行无法真正了解他们的已知信息，并无法为自己所用。

在金融贸易中，金融机构可以更有效地通过大数据为客户提供好处，除了这些，还要确保这些信息不会被滥用。金融业必须创新，利用大数据来创造新的"智慧"，因为贸易中需要大数据。

你可以想象一下，如果金融机构知道他们的客户在做什么贸易，比如从哪些国家买卖商品，他们就可以定制数据发送到客户的手中——包括目的国家的信息、运输建议、保险或外汇合同提供或自由贸易的其他需要，甚至可以在有特别优惠价时向对方推送。在这种情况下，客户的贸易活动可以更好地完成，而金融机构也能提供最主动、最容易被接受、最完备的服务。

所以，越是大额的贸易过程，越是需要对客户的大数据进行分析。对许多金融机构来说，这是一个漫长的过程，但我认为这是他们现在可以做的事情，可以帮助他们更好地了解他们的客户。

除此之外，贸易融资活动也非常需要大数据的支持，我们可以看一下贸易活动中对大数据的需求。在交易活动中，贸易融资是最有利的，它有助于满足出口商和进口商的不同需求。出口商需要减轻进口商的违约风险，要保障应收账款到位，最好的情况是进口商预先支付。另一方面，进口商想要减轻出口商的供应风险，并从出口商那里获得优惠，以获得他们的付款。贸易融资消除了非支付风险和供应风险，成为两者的中间担保。

贸易融资产品构成了卖方所使用的传统贸易金融产品，以减轻买方风险并获得融资。比如，当你需要在虽然信用证系统是最受欢迎的贸易融资机制之一，但使用起来却很麻烦，耗时且昂贵。最重要的是，小微型企业在进行交易的时候，即便是有贸易融资的需求，但是相对于贸易融资的困难程度，这种需求也就很小了。所以，很多企业金融活动就受制于缺乏监管，无法成功开展。

为了解决这个问题，买家和卖家正在转向另一种形式的交易，这种交易更快、更容易、更便宜，那就是在金融云中建立一个开放账户。脱离了银行这一道手续，在金融云里建立一个直接对接的开放账户，在公开账户交易中，卖方按买方发出的采购订单发货，并向买方发送发票。买方检查货物，批准发票，并按约定日期向卖方支付货款。

这就是淘宝的模式。作为一个第三方的监管平台，淘宝可以保障买卖双方的交易顺利进行。而伴随着在淘宝平台上交易的用户越来越多，没有数据技术的支持，淘宝是很难承担这么多贸易活动的。

所以，阿里巴巴的大数据技术才如此先进，能够处理淘宝等平台上每分钟产生的大量数据流，还能根据用户需求提供个性化的服务。2016 年的"双十一"，淘宝交易在一天之内达到了 1200 亿元，这是个巨大的数字，而平台能够瞬间达成如此多的交易，就是依赖它强大的数据计算能力和算法。

大数据的存在，保障了贸易监管可以顺利进行，保障了平台上的贸易即时性。而现在，"网商银行"的出现，更是将贸易贷款融资的模式，也跟大数据结合在了一起。

作为中国真正意义上的第一家"云"银行，网商银行是绝对的数据驱动，技术支持的新兴银行，专门根据用户的需求制定服务，为小微型企业和个人提供个性化支持。在网商银行，人们可以在线上完成贷款活动，只要自己的信用评价够高，在数据分析下得到了风险较低的评判，即便是没有抵押品或者担保品，也一样可以融资开展贸易。而且，大数据技术的参与让服务更加贴心、及时，用户体验比在传统的线下银行要好得多。

这非常有利于贸易的开展，尤其是在卖方缺乏一定资金的时候。所以，金融贸易活动中如果可以加入大数据的技术，一定能对金融活动产生极为积极的影响。

大数据在互联网金融中的普遍应用

有时，"大数据"一词只是指大量的结构化和非结构化数据。但如今，对于那些有效利用数据进行更好的决策和战略业务规划的企业来说，这更有意义。虽然大数据的实际应用在每个行业都是可行的，但对于互联网金融服务行业来说，它尤其有必要性。

互联网金融业面临着长期存在的商业挑战，这些挑战与提高客户情报、达到监管目标和降低风险有关。通过将大数据分析纳入业务运营，他们成功地为客户提供了更加个性化的服务，开发数据驱动的产品，检测和防止欺诈，更好地遵守法规，增加销售。事实上，现在世界上最大的金融服务提供商们也采取了一种完全大数据驱动的方式来增强服务和促进业务增长。这证实了金融部门可以有效地利用大数据资源来增加收入。

以下是三个大数据在金融服务中的典型应用模式，也是大数据最为普遍的应用模式。

首先，互联网金融平台会利用大数据来了解自己的客户。金融公司收集和监控客户活动的大量信息，通过对银行记录进行大数据分析，例如，与客户的社交媒体档案数据一起，更好地了解个人客户习惯。例如，通过客户情绪分析的方法，公司可以在不同的产品中评估客户的利益，甚至可以确定客户对其产品的兴趣损失。这有助于他们制订保留策略，并在结论的基础上做出决定。

当得到了足够的数据，对客户足够了解和认识之后，就可以进行第二个应用，那就是给客户提供一些建议。由于市场竞争和银行同业拆借利率较低，传统的金融利润率面临压力，所有主要的金融机构都愿意提高他们建议客户投资决策的能力。

有时人们不得不依靠财富管理顾问来做出任何投资决定，两大数据改变了传统，因为一些金融网站提供基于大数据算法的自动投资建

赵春林向顺治赠送《投消者致富》

议，这些见解在过去是不可用的。

为了在这个消费能力强的经济体中竞争，金融服务公司需要找到一个解决方案，他们可以收集大量的数据，并有效地利用这些数据，通过将大数据分析纳入他们的业务操作，他们可以获得对客户需求、供应商、竞争者、产品、联系人、雇员等的全面了解。一般来说，通过有效地管理不断增长的数据量，他们可以更好地了解不断变化的市场。在这个基础上，提出一些卓有成效的建议就不再是天方夜谭了，人们可以很容易做到。

伴随着大数据技术的发展，技术可以达到解读传感器中接收的数据，对每个账户的历史信息进行共性筛选，然后找出其中的特点，分析出数据的共通性，并提出解决办法。举个简单的例子，淘宝目前就越来越智能化，我们经常搜索过的产品会时常出现推送，而且淘宝还会根据我们的浏览历史推荐可能喜欢的产品；网易云能够根据我们听过的歌曲和"喜欢的歌"来分析，到底哪些风格的歌曲是我们青睐的，甚至比我们还懂自己……这些，都是大数据处理数据后再给我们提出建议。

大数据能够运用在控制风险上。银行和其他金融机构一直在寻找管理其市场流动性风险、操作风险、竞争风险和遵守法律要求的方法。通过测试，这是可能的，这是一项大数据分析，旨在衡量不同金融工具在经济危机期间的表现。通过一个中央的、综合的大数据解决方案，金融服务可以实时获得真知灼见，以减轻操作风险，消除潜在欺诈，并有效地遵守监管要求。

另外，大数据在信用评价上的存在感也很强，是支持信用评价的重要手段。在过去的几年里，许多公司一直在利用社交软件来存储大量的数据，这些数据包含了用户社会经济地位的有力指标——你所就读的学校，你工作的地方，你的朋友是谁——以此作为信用风险指标。

这种对数据的利用都是可以理解的，尽管最初可能会让客户感到不安，毕竟也意味着信息安全。

但这种发展已经是不可避免的了。不管是我们在使用微博刷新闻时，还是用微信维护自己的社交圈，抑或者用淘宝购物、用网易云听歌，都在不断产生个人信息，并且被这些企业所利用。线上企业的这些努力都是为了发展更有效的市场，而这些关乎用户个人喜好、生活习惯的种种小信息，最终会汇总反映出一个用户的信用价值。

除了这些，大数据还可以支持其他许多领域的金融机构。可以说，大数据在金融中的普遍应用，让金融活动变得更完善了。

利用数据进行风险管理

大数据对全球许多行业都有显著影响。每天生成的数据呈指数增长，可以提供关键的信息，各种组织可以利用这些信息来提高服务能力。

比如，医疗服务提供者利用这些信息来改善治疗计划，而零售商则可以利用分析来预测顾客购买行为和指导营销策略。与此同时，金融公司通常会实施大数据平台来优化投资组合，并立即做出信用判断。潜在的利用方式几乎是无穷无尽的，企业也在继续开发利用其数据的创新方法。

而很少有行业像银行和金融服务行业一样以数据为中心。客户或合作伙伴系统与银行机构之间的每一次交互，都会产生具有潜在商业价值的可操作数据。零售银行、财富管理、消费银行和资本市场在历史上都有多个数据来源和数据，这些数据跨越了前台、后台和中间办公室。

从业务角度和技术影响角度来看，金融服务行业高管面临的最大技术趋势之一是大数据，业务价值源自这些数据，有助于推动采用的速度。而其中，风险管理越来越依赖于大数据来推动重要的决策过程。对于风险管理来说，分析数据并不新鲜，但是专业人员现在可以获得比以往更多的信息，以完善他们的见解并给出建议。

让我们来看看，在风控方面大数据金融可以给我们带来哪些好的影响。

首先，大数据可以分析过去，并预测未来可能发生的事情。大数据分析可以为许多风险管理问题提供答案，在一个基本的层面上，企业可以更深入地了解失败的发生和原因，这是一种主要的描述和诊断方法。然而，要充分利用数据，机构必须使用预测性和规范性的数据分析。换句话说，他们需要能够更好地了解未来可能出现的问题，以及如何预防这些问题。

最终，大数据让金融机构获得了即时的分析内容，他们可以利用这些情报进行快速的风险评估，以改善决策。这可以极大地降低成本，提高生产力，而且避免了很多主观的判断失误。

大数据技术还可以帮助打击金融犯罪。最近的一份报告发现，企业将大数据视为打击欺诈、腐败、网络安全问题和其他潜在破坏性犯罪行为的关键武器。根据某著名研究机构的数据，53% 的企业认为网络安全越来越多用于调查金融犯罪，成为数据分析投资的主要推动力。然而，监管审查（43%）、新兴市场欺诈风险增加（32%）和董事会的压力（31%）也是重要因素。

在大数据技术下，我们进入了一个没有隐私的社会，一举一动都可以作为数据被记录下来，但在一定程度上也保障了生活的安全性。过去，在金融机构经常受到贸易欺诈的困扰，比如贷款人提供造假的信息来骗取贷款，或者挪用资金去其他地方使用，等等。但是在大数据技术的介入下，人们的信息被动地暴露给监管机构，金融机构可以通过对这些以往信息的分析，得到完全客观的判断，避免任何资金欺诈情况，这就是风险控制的变化之一。

不过目前，大数据技术在风控方面最大的问题，是找不到合适的人来推动。互联网金融的快速发展，让大量专业岗位缺乏人才，比如，大量的部门难以使用合适的技能来推动大数据分析进行风险管理。当前，风险管理部门缺乏数据分析技能是一个突出的问题。

所以，我认为目前最大的障碍是与数据分析有关的培训和技能。现在根据研究显示，65%的企业在识别和吸引具备所需技术能力（包括分析技能）的候选人方面存在困难。事实上，现在有超过一半（52%）的组织使用外部资源来填补他们运营中的专业技能差距——2016年这一比例为43%。

所以，也许这已经成为大数据金融领域，在风险管理上的最大"风险"了，因为缺乏专业的人才，即便有数据、有系统，也很难从中分析出金融机构想要的内容。更不要说是一般的企业了，它们更需要通过外包资源来帮助自己规避风险，做到大数据技术引领下的风控。

显然，大数据趋势没有减弱的迹象，这意味着金融领域的参与者如果希望在日益具有挑战性的风险管理环境中保持竞争力，可能需要加强他们的分析技能，这样才能更好地进行风险管理。

大数据带来挑战与风险

与任何商业计划一样，大数据金融涉及风险因素。任何项目都可能失败，原因有很多：管理不善，预算不足，或者缺乏相关技能。而在大数据金融领域，由于先进的数据技术往往需要相对应的数据量，必须注意金融活动中每一步的大数据安全，以确保你不掉进陷阱，否则可能会导致浪费时间和金钱，甚至法律上的麻烦。

商业人士习惯于冒险——评估这些风险，保护他们免受风险也是大数据的功能。所以没有必要害怕大数据，我们一定不能在挑战面前退缩，在大数据金融带来的风险背后，是你想象不到的巨大回报。

下面就是我所总结的大数据项目的五大风险，在互联网金融领域，做出任何策略判断时都应该考虑这些风险，才能避免在新领域遇到问题。

第一，是数据安全问题。当我们考虑数据收集和分析时，这种风险是显而易见的，而且往往是我们最关心的问题。数据盗窃是一个猖獗的、不断增长的犯罪领域，而且势头越来越严重，危害也越来越大。事实上，在过去的两年中，最具破坏性的几个数据灾难中，有 5 个是发生在数据泄露事件上的。对有大数据的平台来说，数据越大，向犯罪分子提供的盗窃和出售工具的目标就越大。在国外网站 TARGET，黑客窃取了 4000 万客户的信用卡和借记卡信息，以及个人识别信息，如电子邮件和多达 1.1 亿人的地理地址。2016 年 3 月，美国联邦法官才批准了关于这个泄密事件的和解协议，该协议将向一项和解基金支付1000 万美元，其中将向受违约影响的每个人支付高达 1 万美元的款项。

这就是数据安全得不到保障的后果。

第二，就是大数据金融环境下数据隐私的保护问题。与安全问题密切相关的是隐私问题。除了确保人们的个人数据是安全的，你需要确保你的敏感信息被保护好，即便存储或被平台收集，也不会被恶意泄露或者是被破坏性滥用。这一点需要大数据平台来保障，因为用户自己是无法保证已经交付出去的信息安全的。

如果没有遵守适用的数据保护法律，就会导致巨大的灾难，甚至被起诉，这取决于你使用的数据类型和你所在的权限。去年，私人租赁和汽车共享服务优步就出现了这种情况，一名高管使用服务的"上帝模式"来追踪某位优步用户的行程，被发现后引起了巨大的争议。

而在国内，也出现过某外卖平台的送餐员因为掌握了用户信息，多次在用户家门前骚扰、打电话骚扰的事件。这些都是隐私保护不足导致的。

第三，数据成本的预估出现错误，也会有问题。要知道，数据收集、聚合、存储、分析和报告都是要花钱的。最重要的是，将会产生一项复杂的成本，尤其是为了保障数据安全，以避免在我之前提出的问题上出现错误，要投入的成本是很高的。这些成本可以通过计划阶段的谨慎预算来减轻，但在哪一点上出错都可能会导致成本上升，可能会抵消由数据驱动的主动性所增加的任何价值。

这就是为什么建立合理的数据战略是那么重要，一个完善的战略将明确地阐明你想要达到的目标和所能获得的利益，这样他们就可以平衡分配给项目的资源。我所知道的一家银行就在担心存储和维护所有数据的成本，所以试图通过识别和消除项目中的无关数据，来控制成本并实现其目标。

第四，数据分析虽然很重要，但是不良分析也容易带来错误判断。也许，你的数据所显示的模式是错误的，所以接下来的分析过程都是错误的，最终会带来一个不符合事实的分析结果。此外，必须注意避免确认偏见——当一个分析师对他们所寻找的东西有预先确定的想法时，他们就很容易将这个想法强加于人，而且对那些违背这些判断的数据也视而不见。防止这种情况的唯一方法，是确保团队在整个项目中从上到下保持客观。

谷歌的流感趋势检测项目就是一个很好的例子。根据谷歌用户的搜索结果，设计出精确的流感爆发地图，起初它提供了令人信服的结果。但随着时间的推移，它的预测越来越偏离现实。事实证明，该项目背后的算法不够准确，无法捕捉到诸如 2009 年 H1N1 大流行这样的异常现象，极大地降低了从它们身上获得的价值。

第五，还有时候，收集到了错误数据也会带来风险。我遇到过许多数据项目，它们从错误的脚本开始，收集不相关的、过时的或错误的数据。这通常归结于花在设计项目策略上的时间不够。大数据淘金热导致了一个"收集所有东西，并考虑稍后在许多组织中分析它"的方法。这不仅增加了存储数据和确保遵从性的成本的增加，也导致了大量无用数据的出现，这些数据可能很快就会过时。

这里真正的危险是落后于你的竞争。如果你没有分析正确的数据，你就不会得出正确的见解。与此同时，你的竞争对手很可能正在运行他们自己的数据项目。如果他们做对了，他们就会成为新的行业领导人。所以，每一个大数据项目都需要在基础设施或数据收集上花费金钱和精力，来避免可能出现的风险。所有规模的金融机构都应该全身心地投入大数据项目，如果不这样做，他们就会面临被行业遗弃的严重风险。当然，他们也应该意识到大数据本身的风险，并在大数据金融市场上擦亮自己的双眼。

第十一章

创新与颠覆：
互联网金融带来的变革

跨行业融合：互联网企业做金融可以更好

目前的互联网金融业，做得最好的企业不是金融机构，而是互联网科技公司。不管是阿里巴巴还是腾讯，抑或百度和新浪，这些互联网科技公司在进入互联网金融行业的时候，似乎比传统的金融角色还要快一步。

之所以能做到这样的跨行业整合，是因为互联网企业天生就有优势。首先是互联网具有一个全世界最灵活、最广阔的平台，这个平台基础，让他们不管做什么都有了底气。

如果说，全世界各地的人都在寻找同样的东西：一个给他们提供所有他们需要的东西的系统，那这个系统就在这里，它被称为互联网平台。有了互联网平台独特的组件结构，构建符合客户需求的各类网站从来都不是件容易的事。所以，跨界整合的情况跟互联网产业总是脱

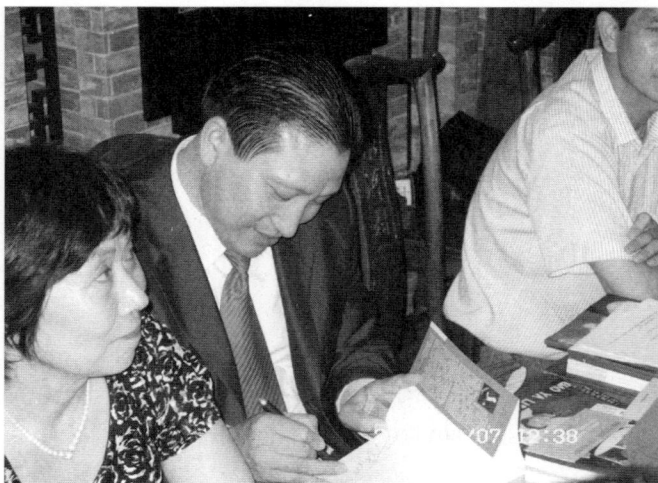

赵春林在签名赠送《关键在于落实》

不了关系，因为他们只要建立一个平台，一个网站，一个交流的地方，自然就可以引领各个产业内的专业人士、买卖双方集中起来。

比如现在的很多互联网交易平台，存在的意义本身就是一种跨界融合，它将互联网企业跟实体企业结合在了一起，组成了一个新形式的模式，让人们可以以互联网上的虚拟消费方式去体验现实生活中的传统服务。

在 uber 出现之前，没有人会将互联网与出租车这两个行业联系在一起，人们也不认为简单的打车需要通过互联网来解决什么问题，但 uber 为人们开创了一种新思路，通过跨界整合让人们发现，原来传统的企业在接入互联网之后采取另一种经营模式，可以让我们享受到更多便利。人们的痛点完全是靠着这种跨界整合被发掘出来的，并且在出现的时候就已经得到了解决。

这种跨界整合经济力量的模式告诉我们，互联网企业在跨界融合方面天生具有优势，这些横跨多个行业的整合模式，也必然在互联网发展的当下才能够得以推进。在过去互联网的技术尚未达到时，我们无法得到一个可以跨界整合，实现不同领域企业合作的平台或者是方式，即便人们有跨界整合企业、塑造新经营模式的想法也很难实现，而且也没有这种必要。只有在互联网的发展前提下，在传统的线下企业不得不迎接互联网浪潮随之改变的情况下，跨界整合才显得如此必要。

跨界整合，让新的经济模式与传统的领域进行深入合作，不仅可以给传统企业提供一个新的发展机会，也能够为我们打开一种新思路。这其中，金融与互联网的跨界整合不过是一个方面罢了。

而且，互联网和金融这两个行业进行跨界整合，比其他模式的跨界整合更容易一些，对互联网企业来说也更有优势，为什么会出现这种情况呢？很简单，当我们仔细分析的时候，会发现，互联网的本质是大数据，是大量的数据组成了互联网平台，所以互联网企业的发展，必然伴随着大数据和云计算技术的支撑。无论是阿里巴巴还是腾讯、百度，哪一个不是具有良好的大数据基础，并且拥有强大的计算能力？所以，互联网企业在应对数据这个方面是有先天优势的，他们在发展的过程中积累了许多经验，克服了很多困难，是大数据行业的领军者。

巧合的是，金融产业本身也是由数据组成的。本质上，金融业的产品就是数据，是通过对数据的分析调配资金、进行投资。所以，金融在"互联网＋"时代也应该回归本源，回归到数据本身。然而对传统金融的从业者来说，这数据的利用还停留在人力分析和初步的大数据分析上，因为起步较晚，所以大数据技术的发展跟不上互联网企业的速度，在这个环节就难免落后了，在这种情况下，同样都是围绕着数据进行的活动，自然是互联网企业更能将事情做好。

除此之外，现在在互联网金融领域表现出色的互联网企业，都有一个共同的特点，那就是本身的平台基础非常好。阿里巴巴旗下的淘宝是中国最大的电商平台，所以支付宝天然拥有上亿的用户；腾讯旗下的 QQ 和微信，是中国市场占有量最高的两个社交软件，也能够给腾讯支付带来大量的客户……这些互联网金融产品服务一推出，就可以得到大量用户的尝试和关注，不知道比其他企业幸运多少。

所以这是综合了这些优势，互联网企业在跨界融合，推出互联网金融产品的时候，才可以做得更好。而且从互联网诞生开始，互联网企业就以灵活的态度应对各种挑战，在互联网快速的更迭和信息浪潮下，这些能够留存下来，并且发展壮大的企业，都是特别擅长创新和开拓的，在面对互联网金融这个新兴行业的时候，也表现得比其他传统产业更好、反应更快一些。

客户前所未有地重要

　　进入互联网时代，我们要打造新的金融产品，最重要的就是要改变价值链，做到始终为用户，把用户作为创新价值链的中心。

　　互联网金融带来的最大改变之一，就是从以金融机构为中心，转为以用户为中心，客户变得前所未有的重要。

　　过去，企业的价值链打造是以公司为中心的，大量的资源和资金都放在打造公司形象、进行企业定位上。这种以公司为中心经营企业的策略，目的是找准行业定位，各企业只有找准定位，才能够成为从竞争中脱颖而出的代表性企业。

　　企业的准确定位为他们带来的就是"信任状"，这是传统企业发展过程中最想要建立的。"信任状"是什么意思？简单说，就是让客户对企业产生信任，这样用户在选择产品的时候就会优先选择该企业。客户的信任来源于对企业产品的认知，所以这是一种认知优势的建立。

　　在传统金融市场上，可以说认知比产品本身更加重要，产品做得好不是最重要的，让顾客信任你的产品、顾客觉得你的产品好才是最重要的，当然，这本身也需要有好产品作为基础。而如何能让顾客信任你的产品呢？这就要将企业做到极致，让客户对你的企业有一个准确的定位与意识。

　　比如，当互联网金融刚出现的时候，即便理财产品利润很高，为什么大多数人还是愿意将存款存在银行？很简单，因为银行是"国字头"的，企业的形象在外面，客户们都非常信任。这就是行业定位，我们一提到"太平人寿"就知道是做保险的，一听到"招商银行"就知道信用卡服务很好。事实上服务真的很好吗？也许在这个阶段，还不如隔壁的某省银行，但是这就是行业认知带来的影响。

但是在这个过程中，机构和企业为了让用户能对品牌有更深刻的认知，就将大量的精力和金钱投入营销里，重视渠道的选择，反而在用户感受和用户体验上有所疏忽了。这就是我们所说的，传统金融行业一直以机构运营为中心来革新自己的价值链。而我们要做互联网金融，就一定要以用户为中心定位自己的价值链，这被称为寻找"价值锚"的过程。

价值锚在哪里？客户根据产品的哪一个点做出自己的选择，哪一个点就是价值锚。心理学上有一个著名的效应，是说人类在对一件事或者某个人做出判断时，往往依据的就是最初 10 秒内对他产生的第一印象。可以说，第一印象影响了后续所有的思考，价值锚就是我们要找的第一印象。

这就是完全围绕用户的喜好在做产品了。毕竟，在互联网金融领域，流量、用户量和用户黏性才是能否成功的关键，至于品牌价值高不高，运营要有多少成本，并不是第一个要考虑的。毕竟，当你拥有足够强大的市场时，品牌价值自然就高了。

然而，围绕用户做金融产品并不是说起来那么简单。要选择以客户作为中心，在设计过程的每个阶段，产品、服务或流程的可用性目标、用户特性、环境、任务和工作流程都受到广泛关注。以用户为中心的设计可以被称为一个多级解决问题的过程，它不仅要求设计者分析和设想用户可能使用产品的方式，而且还要验证他们在现实世界测试中的用户行为的假设。在从需求、生产前模型和后期制作的各个阶段中，这些测试都是在没有实际用户的情况下进行的，完成了一个证明的循环，并确保"开发以用户为中心"。

与其他产品设计理念的主要区别在于，以用户为中心的设计试图优化产品时，也必须围绕用户如何需要或怎样使用产品进行，而不是强迫用户改变他们的行为以适应产品。

举个简单的例子，最开始的第三方支付平台支付宝并不是现在的这种操作模式。现在我们有了"小额免密"服务，对在网上购物、线下支付过程中的小额资金交易，是不用输入密码的。但是在过去，不管是再少的钱，在付款过程中都要输入密码。这就在服务上给不少人带来了困难，所以根据用户的需求，才推出了"小额免密"这个简单的支付模式。

在互联网时代，赢得了用户就是赢得了市场，互联网金融也同样如此，所以，千万不要忽略客户，哪怕是再少的资金，也应该提供好的服务，这才是互联网金融的态度。

金融脱媒，在互联网上得到实现

金融脱媒的概念给企业带来了一个棘手的难题——授人以鱼还是授人以渔？在金融领域，这个问题转化为政府官员是否必须建立一个更加透明的监管领域——公民可以绕过金融机构进行投资活动，实现长期目标。

我们先来了解一下什么是金融媒体，又或者说是金融中介。金融媒体是指为促进金融交易而在多方之间充当中间人的机构或个人。常见类型包括商业银行、投资银行、股票经纪人、汇集投资基金和证券交易所。金融媒体机构通过各种债务、股权或混合利益持有结构将未投资的资本重新分配给生产企业。

通过金融媒体的中介过程，某些资产或负债转化为不同资产或负债。因此，金融媒体机构将资金从拥有盈余资本（储蓄者）的人手中，转移到那些需要流动性资金的人身上（投资者）。

金融媒体通常是一种机构，它可以间接地促进贷款人和借款人之间的资金渠道。也就是说，储蓄者（贷方）将资金交给中介机构（如银行），而该机构将这些资金提供给消费者（借款人）。这可能是贷款或抵押贷款的形式。或者，他们可以直接通过金融市场借钱，并消除金融中介，这就是所谓的"金融脱媒"。

金融脱媒意味着银行客户在没有银行人员指导和支持的情况下直接从事金融活动。在投资领域中出现了一种特殊的非中介化现象，即个人购买、出售或持有金融产品的市场机制。要做到这一点，个人投资者必须通过金融市场购买证券，也就是所谓的证券交易所或股票市场，例如证券交易所等。电子交易的一个例子是全美证券交易商协会的自动报价，即纳斯达克。

金融脱媒让金融中介成为人们关注的焦点，这些中间人在数十年来，让个人能够以合理的成本参与银行交易，然而现在他们似乎已经没有存在的必要了。

金融脱媒主张将金融机构与愿意参与证券市场的客户区分开来。换句话说，这个概念要求"去掉中间商"，假设客户直接买卖金融产品会更便宜。

金融脱媒现象在现代经济中越来越流行。互联网的出现以及电子交易所的发展，促进了一种有效的购买和销售金融工具的方式。这些现象也导致了金融中介在经济中的作用减弱。例如，个人投资者不再需要在进行交易前打电话给经纪人。他们可以登录一个安全的门户网站，并快速、无缝、匿名地进行跟踪。

可以说，互联网的存在是让金融脱媒的最大原因，因为互联网本身的信息透明化现象，很容易打破行业的信息壁垒。互联网给商业带来了很大的透明度。价格，报价，送货费用，产品描述，社交媒体上的客户评论，公司网站都在那里，所有人都能看到。

客户是这种透明度的主要受益者。比如，当批发购买允许有兴趣的买家从生产者直接购买商品时，就会出现一种常见的脱媒现象。这可能会降低买家的到手价格，因为传统的零售商店中介已经被从购买过程中移除。这可以将买方从通常与产品从批发市场转移到零售环境相关的标记成本中节省下来。

不是所有的公司都选择直接向客户提供批发期权，因为这通常需要对资源进行更大的投资来处理和运送这些订单。然而，如果公司想要限制与零售商的长期批发合同的数量，它确实对公司有一些好处：直接与客户合作，绕开传统零售市场的一部分。

P2P就是一种金融脱媒的平台。在这种情况下，过去传统的贷款模式被摒弃，通过直接与感兴趣的买家合作，借款人可以在没有银行等中介的情况下获得资金。

而在互联网金融领域，像这样的金融脱媒情况比比皆是，人们开始淡化过去银行、债券公司、保险公司等的职能，选择在平台上进行直接的对接合作。这种方式很好地摒弃了中间商，可以说是完美的"避免中间商赚差价的好方法"，大部分脱媒的行为都能给投资双方带来更好的收益。这是信息透明、交流迅速的互联网带来的重要变化。

但同时，金融脱媒也可能带来一些负面因素。金融媒体的存在并非全无好处，中介可以协调银行和借款者之间相互冲突的情况，有助于分担风险并降低风险，担保投资者的资金不会出现问题，而且使用金融中介降低了贷款和借款的成本，中介体集中于贷款方和借款人的需求，并能够提高他们的产品和服务，即便使用相同的投入也会产生不同的产出。

而在金融脱媒后，由于从流程中删除了一个中介，公司可能不得不投入更多的内部资源来覆盖之前在其他地方处理的服务。比如，发行债券的公司可能必须将更多的时间和人员投入基金的管理中，而在以前这都是金融中介的工作。

在投资方面，金融脱媒化也容易给投资者带来沉重的负担，因为他们个人对所有的行动和决定负责。这可能会导致他们不得不花费更多时间进行更深入的研究，哪怕完成任何交易都是如此。一些投资者可能会发现这些方面更具挑战性，这取决于他们投资的性质和个人投资战略。

总而言之，金融脱媒并不一定全是好事，但是在互联网金融发展的时代，它至少给我们提供了另一个选择，让我们可以选择是否借助金融媒体进行投资。

强大的新信贷模式在互联网上建立

传统上，金融市场是家庭、公司和政府的资金流动的经济平台，主要是基于中介机构的两种市场，直接金融和间接金融。在直接融资市场中，资金直接从银行通过证券或金融工具（如股票、期货、债券、共同基金等）直接转移到借款人手中。金融中介通常是银行，在帮助转移盈余与赤字之间的资金方面发挥着重要作用。金融中介机构的职能主要分为三方面，一是筹集资金，二是控制贷款风险，三是信贷风险管理。

显然，在金融市场中，控制风险是很重要的。这是金融中介机构开展业务的良好原因。然而，为了提高市场效率，中国社会多年来一直在呼吁金融脱媒。去中介化是一个允许消费者直接访问产品、服务或信息的过程，是通过互联网的方式实现的。互联网金融在本质上具有去中介化的优势，可以有效地降低交易成本，与传统的间接融资相竞争。

我认为，电子商务作为主要部分，是一个延伸的金融市场。这两者之间没有明确的界限，因为我们总能把网上金融服务，比如证券交易和P2P贷款视为一种电子商务，只不过商品是货币商品。

在互联网金融市场中，传统的中介服务已经被削弱，在减少信息不对称方面拥有各种创新和技术。不过，信贷风险管理是市场上的关键问题。在20多年的电子商务研究中，应用的基本理论是关于产品的逆向选择理论。新的电子商务环境使风险更加普遍和迅速蔓延。当一个在线代理可以在互联网金融市场（如买方、卖方、借款人和/或贷款者）扮演任何四个不同角色的组合时，信用评估和信用风险控制变得比以往任何时候都更加困难。

在这种情况下，建立一个新的信贷模式显得迫在眉睫，而互联网金融的发展并没有让我们失望，它基于自身的市场特色，建立了一个相当强大的新的信贷系统。

人类社会从易货经济到以信用为基础的经济发展了几千年，而互联网金融从原始电子商务交易到以信用为基础的电子交易，只用了不到30年的时间。尽管传统的信贷管理系统已经运行多年，但它在应对互联网金融挑战方面的能力却越来越弱，其特点是信用评估和管理信息的数量、速度、品种和种类繁多。这些特征实际上是大数据的特征。

目前，网上信贷管理是互联网金融业务的核心，网络信贷管理系统在全球范围内越来越受欢迎。2015年1月5日，中国人民银行批准了第一批八个信用服务公司。其中，阿里巴巴旗下的芝麻信用管理集团提供了一种信用评分业务，根据消费者网上购物偏好、还款能力、个人信息和在线社交网络活动来评估客户的信誉。芝麻信用收集了 3 亿个人用户的数据，以及阿里巴巴平台上的 3700 万家小型企业，包括 B2B 门户网站阿里巴巴，以及消费者市场淘宝和天猫。在这个基础上，芝麻信用所处理的信息非常庞杂广泛。

通过网络信贷，我们指的是通过网络新媒体获得的数据，如在线市场活动、社交网络、即时通讯、网上冲浪、移动通信、网上银行等，网络信贷服务很可能针对互联网金融的不同代理。近年来，许多著名的电子商务公司发展了自己的大数据信用评估系统，以弥补传统信用报告服务的不足。

我们认为网络信贷是一个完整的全新过程，是多维度的。交易过程包括四个阶段：信息收集、协商、和解协议和售后。网络信用的全息本质是基于这样一个事实——它依赖于大数据的分析，并且可以从各个维度提供不同的服务，以实现不同的应用。这个特性适合于一个人在市场上扮演 4 个不同角色的信用应用程序：买家、卖家、借款人和贷款方，这在不同的商业场景中产生不同的信用评分。网络信用是动态的、不稳定的，一方面，由于电子商务的发展，影响信用的因素在实时变化。另一方面，这些影响因素对信用的影响在不同的语境中是动态的。

互联网金融所要求的网络信贷的特点已经远远超出了传统的 FICO 系统的能力，单值信用评分在电子商务金融服务中的权力有限。在这种情况下，新的网络信贷评价模式可以弥补 FICO 系统所无法涉及的内容，所以说是一种毋庸置疑的创新与颠覆。

除此之外，新的信用风险管理也在创新中。目前，中国银监会正在分析金融创新案例，并制定新的监管规则。由于互联网金融正在创造一个更加复杂的金融市场，它可能会对信用风险管理产生深远的影响，并要求对过时的法律文书进行修订。比如，如果新型的 P2P 贷款的平台证券化不受信用风险控制框架的约束，贷款证券化可能会非常危险。然而，在另一方面，不适当的监管可能会阻碍金融创新。因此，应该制定或修改规则、政策和法律，以鼓励金融创新的方式管理网络信用体系，同时控制个人、公司和市场的风险。

近 20 年来，我们的社会经历了几次金融危机或重大金融风险。危机的形式是多元化的系统，例如 20 世纪 90 年代末的亚洲金融危机，或 2008 年金融海啸。随着互联网金融的快速扩张，关于这个新领域的野蛮增长引发的危机的警告越来越响。因此，重要的是研究战略层面的风险控制，以防止危机在早期阶段或在分散的金融风险中减少损失。

这些都是中国互联网金融在新的信贷建设过程中所展现的创新和遇到的问题，正是种种元素组成了中国独特的互联网金融体系。可以说，互联网金融的核心点就在信贷问题上，而信贷问题的核心是大数据技术。

让金融产品也能产生用户黏性

做产品可以让用户产生黏性，也就是说"离不开"产品，做金融却很难说产生用户黏性。金融本质上是一种服务，是我们针对用户需求提供的服务，用户重视的是能否达成目的——比如投资是否有回报，贷款能不能到位，但是对金融产品本身是很少有用户黏性的。

可是互联网金融则不同，它们的出现大多数都是创新的、颠覆的概念，不仅仅是在提供一种服务，更多的是在改变用户的习惯，在这个前提下，用户就很容易产生黏性了。

传统企业在"留住老客户"的运作中，实际上是在关注用户的黏性。使产品应注重用户，必须注重提高用户的黏性。我们的最终目标是能够推出一款产品，让用户选择一款长期都不愿意放弃的产品，这样产品就有机会成为热门产品。

互联网金融领域，当然也会有这样的产品。如果淘宝是阿里巴巴推出的产品，那么我们与淘宝就有很强的黏性。在我的生活中，我经常选择在淘宝网上购物，即使没有目标，我还是喜欢在搜索引擎中随机搜索。这样，购买者往往没有消费的目的，在你购买产品之前没有这种需求，也对产品的品牌、款式等没有太多考虑，完全是为了在平台逛一逛而浏览。

在这种情况下，购买过程中，对于品牌和买方消费的产品来说是没有什么黏性的。购买行为的黏性来自淘宝的平台。

除了淘宝，像是第三方手机支付软件也让大多数人产生了用户黏性。现在，很少有人能够习惯在线下不使用手机支付，身边甚至大多数人都不再使用现金了，而银行卡支付也不如手机支付那样便捷，随时随地、上至商场下至小摊都能满足支付需求。所以，我们对第三方支付也产生了一定的依赖。

之所以会这样，还是因为习惯被改变了。当用户习惯被重新塑造的时候，对产品的黏性就必然会上升，这是难以避免的。

如何提高用户与互联网金融产品之间的黏性？我们至少应该做下面这些事。

首先，我们应该以客户为中心，让用户有一个舒适的购物体验，让用户在体验后对产品留下良好的印象。在互联网平台上，坐着等顾客上门是不可能的。如果你想把互联网的巨大流量转化为金融产品的资金红利，你必须推广它。然而，只做一些活动，比如红包、返利、储备金之类，只会在短时间内导致客户流量增加。换句话说，这些活动给客户带来的是暂时的，如果我们能够附加一个后续的用户体验，可以提高客户的黏性。

因此，活动只是用户的第一步。比如微信钱包在春节期间搞的抢红包活动，本来在抢红包抢现金的活动结束后，人们就会慢慢放弃微信钱包的，但是后续人们自己在互相发红包的过程中体会到了乐趣，后续的体验很好，所以红包就保留下来了。当红包中有余钱，就意味着微信钱包里有钱，很大程度上又促使人们开始使用微信支付。

这样，产品就做起来了。

其次，我们也应该注意将大数据技术与金融产品结合在一起，让金融产品可以很好地精准定位用户，这样才可以更巧妙地"一击致命"。大数据中，其实包含着很多用户的特点，有外在特点和内在特点。用户的外在特点非常好理解，他们分布在哪些地方、在什么类型的公司工作、日常的主要活动场所是什么……这些都是外在特点。而我们要做精准定位，这种外在特点的影响相对比较小，所以我们更需要关注目标用户的内在特点。将这个问题搞清楚了，你就已经定位好了你的用户群。

用户的内在属性可以从七个方面来概括，分别是——他们是谁、有怎样的购买习惯、购买产品的理由是什么、年龄一般在什么范围、性别、有怎样的爱好、收入标准是多少？

如果先确定用户群再推出金融产品的话，这七个属性决定了你产品的定位。比如，如果你的理财产品先定位了年轻人群，那么它就必须支持小额度的资金投资，并且兼具灵活性和较好的回报，而风险性则不必控制太低，这是多数年轻人的收入范围和投资习惯导致的。相反，如果先推出了产品，就要根据产品的定位反向去确定用户，两者之间的影响是相互的。

在以上所说的七个属性当中，收入标准是相当重要的，因为我们定位用户的另一个方式，就是根据他们的投资能力来判断。你必须保证你的目标客户能够投资得起你的产品，也就是具有足够的购买力，如果做不到这一点，你将会迎来许多用户的抱怨。他们可能会抱怨门槛过高等，而这种种问题都是因为他们的购买力还不足，所以在投资商的理念也有所偏差。

除此之外，我们还可以通过分析客户的购买历史来判断我们的目标用户。进入大数据的时代，数据分析成为做互联网产业的重要辅助方式，你可以研究一下你的客户是否购买过同类产品、是否关注过有一定关联性的产品、是否购买过同系列的产品等，这些投资历史都是顾客需求和性格的一种反应，通过对这些信息的分析，你会了解到他们对你所推出的产品有多大的需求，购买的力度是多少，以及他们是否了解同类型的产品，从中筛选出需求大、购买力强、对产品有一定了解的用户。

除了定位用户，还有一个保持用户黏性的重要的方法，就是关注用户的挫败感。当用户对我们的产品有负面的反馈时，一定要积极应对，然后做出有效的改进，让买家愿意转变为忠诚的客户。事实上，与用户的良性沟通越频繁，我们与用户之间的距离越近，黏性就越强。

让金融产品产生用户黏性，才能延伸互联网金融产品的寿命，做到让互联网金融产品在市场上更久远地繁荣发展下去。

第十二章

金融的极致
——展望互联网金融未来

诚信至上，回归道德的金融模式

互联网金融的出现，其实是一种商业道德的回归，如果能够发展到一定程度，必然进入诚信至上的良性金融环境中。

商业道德是一种应用道德或职业道德的一种形式，它检验商业环境中出现的道德原则和道德或伦理问题。它适用于商业行为的所有方面，并与个人和整个组织的行为有关。

商业道德是指在企业组织中管理个人行为和行为的现代组织标准、原则、价值观和规范。商业伦理具有规范性和描述性的维度。作为一种企业实践和职业专业化，该领域主要是规范性的。试图了解商业行为的学者采用描述性的方法。商业伦理问题的范围和数量反映了利益最大化行为与非经济关系的相互作用。

像芝麻信用这样的互联网信贷评价系统，正在极力展现互联网金融中的商业道德。在很多平台上，如果你的芝麻信用分评价比较高，就能够获得一些特殊的便利，比如不用付押金，就可以租走一辆汽车等。在过去很多年，这种情况都是不可能出现的，因为在不付押金的情况下，完全依赖租借者的道德观念，这种租赁是非常不稳定的，极有可能造成租借者的违约，导致巨额损失。但是，芝麻信用，这样的信贷评价系统，却告诉我们，诚信还是有价值的，如果你的信用分比较高，证明在感情上也值得相信，所以可以通过无抵押的方式获得一些服务。

这是芝麻信用等互联网金融信用评价体系，区别于传统的信用评价体系的典型特征。在传统的信用评价体系里，诚信不能作为判断一个人是否值得信赖和投资的依据，即便申请贷款的对象是一个极度诚信的好人，但只要他的担保资料不足，一样可能会被拒绝申请。

　　但是在芝麻信用的体系中不同，如果你的芝麻信用分高，甚至连预支资金、贷款的额度都会提高。对于一个用户是否值得信赖，互联网金融平台更多的是通过大数据分析的模式来侧面判断，然后给出一个合适的分数或评价，这将影响用户的许多经济活动。

　　假如你能够在阿里巴巴的金融服务系统中获得一个较好的评价，不仅在购物时可以预支的钱较多，还可以从蚂蚁金服的产品"借呗"上以较低的利息借走数额不等的钱。同样，如果在淘宝上的购物评价比较高，拥有良好的信用值，甚至可以做到在退货尚未结束的情况下，就收到来自平台的退款。从完全的商业利益角度上，这种方式当然是不理智的。但是，阿里巴巴的系统内部，就是通过这样的诚信评价模式，来区别化他们的服务，让诚信度较高的用户，获得更好更贴心的服务。

　　这反而减少了违约情况的出现，因为当你意识到诚信也是一种资产诚信也可以为自己带来好处的时候，就会格外珍惜自己的商业诚信，极力提高自己的商业道德，在这种情况下，你不愿意用任何一个小的违规方式来降低自己的诚信度，将会比其他情况下更加珍惜重视自己的诚信。

　　所以我们才说，这是因为互联网金融的出现，在大数据的全面分析下为用户进行的完备的诚信评分，促进了金融市场上商业道德的回归。

　　当然，能否让商业道德真正回归，要看的不仅仅是互联网金融产品的性质，也与社会认可度和金融业从业者的社会责任息息相关。如果互联网金融产品能够得到社会的广泛认可，那么人们就更愿意遵守这个产品所提出的社会规则，就更愿意以诚信的模式来交易，社会的商业道德就得到了整体的提升。但是，如果这个互联网金融产品的社会接受度不够高，市场占有率也不是很高的话，那它能够发挥的影响力就很有限。在这种情况下，互联网金融产品的平台本身，甚至还有可能遭受用户的欺诈，承担用户违背道德导致的违约风险。

所以，这还是一个体量的问题，只有体量较大的互联网金融产品，才有资格改写行业规则，才有能力在整个市场上，宣传商业道德的回归。如果体量不足，还是老老实实地按照完全商业的规则去发展，不要在金融贸易当中加入太多的非经济关系——也就是说，不要寄希望于用户的商业道德。

而互联网金融之所以可以促进市场上商业道德的回归，也与它强大的大数据信贷评价有一定关系。这些金融产品愿意相信用户的道德品质，并为此承担一定的风险，就是因为他们在评估过去用户的大量数据后，发现这个用户的道德品质是可以相信的，这就无形当中降低了风险。比如，当一个用户的大数据表明他的诚信评分可能达到550时，也许你可以让他免费骑单车，但不能免费租赁汽车。因为跟他的诚信度相比，汽车的价值过高了，这就有可能出现意料之外的违约风险，而大数据早就已经计算出了这个结果。

所以从这个角度去看，商业道德的回归，也是基于严格的经济数据的判断，是意料之中的事情，并不是互联网金融行业的感性狂欢。而越是如此，就说明，在互联网金融的不断发展之下，商业道德的重新建立就越有可能。

无纸币化：互联网金融消灭货币

互联网金融产品当中，移动支付的出现让越来越多的人相信未来的互联网金融发展趋势之一就是无货币化。当互联网金融发展到一种程度之后，必然会消灭纸币，货币的概念将完全的虚拟化。

事实上，无现金化的生活，虽然还没有到我们身边，但根据第三方支付的不断发展，我们已经可以窥见一些趋势了。

从商业的角度上讲，无纸币化的社会，在目前来说，对这些第三方支付产业是极为友好的。当电子货币取代了纸币成为市场上流通的主要货币，第三方支付软件的市场占有率和使用频率会再一次得到提升。在当前的中国，人们更喜欢使用手机移动支付，而不是采用信用卡刷卡支付，所以这个无纸币化的过程，最大的受益者就是这些推动无纸币化的互联网金融企业。

中国第三方支付平台微信支付的移动支付活动中，就有一个著名的"无现金日"活动，近几年，每年的8月1~7日，微信支付的用户每天第一次在任何线下商店支付，都可以得到一个随机的金钱奖励，甚至高达888元。8月8日，当用户使用微信支付的时候，他们可以获得过去的7天里用累积的钱奖励。此外，他们有机会获得直接的付款折扣。

与此同时，微信支付的竞争对手——阿里巴巴集团的第三方支付平台支付宝，也计划斥资1亿元奖励其用户。从7月20日~10月31日，支付宝的用户每次使用支付宝付款到线下商店时，都可以享受不到999元的直接折扣。支付宝用户可以在支付宝主页上查看总共1亿元的实时余额。

微信支付和支付宝的线下移动支付推广活动都是2015年和2016年推出的。在"无现金日"活动中与微信合作的线下商店的数量从2016年的8万增加到2017年的70万。根据中国研究公司易观国际的一份报告，中国的第三方移动支付市场规模在2016年第一季度达到5.97

万亿元，同比增长了 111%。

第三方移动支付的发展速度很快，而变化更快的则是当前的市场。虽然支付宝在 2012 年首次在中国推出了移动支付功能，但无现金支付的推广最初是由微信支付推动的。可以说，市场竞争让平台在加速推进第三方支付服务，现在无现金的模式几乎已经塑造了大多数人的习惯，尤其是年轻人。

90 后，以及年龄在 23—29 岁之间的职场新人，是推动移动支付在中国的主要力量。习惯于无现金生活的受访者中，有 12% 是大学生，他们说他们经常不带现金外出，而 35% 的年轻白领表示，他们经常带着最多 100 元现金外出。

中国正处于创建一个以移动电子支付服务为动力的无现金社会的前沿。移动技术正在改变货币的性质，以及它如何在中国被使用，从简单的任务，如购买小项目，支付公用事业，甚至投资股市。

中国互联网络信息中心的一项研究显示，在中国，使用智能手机支付商品和服务的人比整个美国的人口还要多。该研究称，截至 2015 年底，有 3.58 亿中国人在电子商务巨头阿里巴巴旗下的支付宝和腾讯旗下的微信钱包等移动支付平台上使用了应用程序。

对很多人来说，与银行卡或现金相比，移动支付更方便。"有时当我买东西时，我只需要打开手机，"有些顾客表示，"我现在真的不需要带任何钱，特别是因为我担心把它弄丢了。"

而这种无纸币化的趋势，还得有赖于互联网金融产业的不断推动。很多时候，支付宝和微信钱包都通过向使用支付服务的客户提供补贴，以支付出租车的费用，或者给那些在百货商店和超市购物的人提供折扣，从而培养了大量的用户。然后，那些已经习惯了移动支付工具的消费者将会刺激更多的商业经营者使用这些工具，这就促进了无纸币

赵春林考察宁夏平罗太沙工业园

化的市场循环。所以说，是这些互联网金融产业在有意识地引导人们，进入一个无纸币化的社会。

但是不管怎样，我们都在这个变化当中享受到了好处，感受到了便捷，这就足够了。

而且，这些移动支付服务的扩张不仅在商业意义上发挥了核心作用，而且在文化上也发挥了作用。例如，在传统的农历新年里，人们通常会送出红包给家庭成员，不过大多数都是选用纸币。可是自2014年微信首次推出数字红包服务以来，该功能的受欢迎程度激增。根据腾讯发布的数据，从2月7—13日的春节期间，红包的数量和收到的红包总数达到了321亿元，比去年有了很大的增长。

这意味着，人们连送红包的活动都已经接受了"无现金化"的趋势，并且非常快速地转变了传统，认可了这个新的模式。这是非常神奇而且可怕的，因为一个社会的传统习惯就这样被轻松转变了，可见中国的无纸币化趋势发展是多么迅猛。

不过，移动电子支付服务的扩张仍面临挑战。因为互联网正在迅速发展，所以对第三方支付系统来说，最具挑战性的部分是能否适应变化，并做出相应的调整。

比如现在，这些电子支付的服务应该解决一个常见问题，那也是无纸币化社会可能遇到的问题——如果有的人不接受电子货币，更愿意使用现金，或者不会使用电子货币该怎么办？

只要这部分人存在，无纸币化的社会就很难实现，只能成为一种发展趋势。事实上，现在也有很多商店坚持只接受现金付款。"我不知道如何使用支付宝或微信钱包支付。我将来还会用现金，因为这样比较容易。"有商家这样表示。

不过，服务需要的不仅仅是提供一种支付工具，而是帮人建立一种可以接受的习惯。所以，第三方移动支付平台的服务其实有很多的社会性质，这使它们有别于现金或信贷等传统支付方式。在中国，移动支付平台的成功可以归因于中国用户与社交网络相互交织业务的能力，从而改变了他们使用金钱的方式。

不管移动电子支付的未来会如何，无论是好是坏，无现金的社会必然会变得更加突出。

无实体化：传统金融"搬迁"到互联网

在过去很长一段时间里，我们都在强调科学技术是第一生产力，正是因为人类社会的进步有赖于科学技术的发展，而互联网金融的时代再一次验证了这一理论的真实性，科学技术的确可以称得上是重要的生产力，是能颠覆性改变人类社会的生产力。

互联网金融的发展对生活的影响是以点带面的，可能只是一个微小的技术革新，但在应用过程中，会影响许多重要的行业和生活中重要的领域，最终引发社会的巨大变革——而在这之前，你可能无法意识到这只是来源于一种技术的发展。

就是前面我们所说的，互联网金融让社会出现了"无货币化"倾向。事实上，不仅仅是货币如此，未来的世界甚至是"无纸化"的，只要是纸张都有可能被取代，最终导致一切都搬迁到互联网上。

试想一下，你是愿意选择最传统的纸质地图，还是选择在手机上可以同步指示道路的电子地图呢？不管是从易用性还是机动性、智能性来看，电子类产品取代纸制品都将成为一个不可阻挡的趋势。

这种趋势告诉我们，互联网正在将一切现实生活中的服务"搬运"上网，而且在软件化的过程中，它们正显露出更加强大的功能，成本也相对低廉了许多。例如现在流行的移动支付，不仅速度更快，而且减少了纸币的使用，就避免了在首付款过程中算错账、收错钱或者收到假币，在一定程度上减少了经营负担，提高了运营效率。而且，移动支付让我们的购物变得更加方便，相对于使用纸币或者银行卡，它的便捷性更能得到体现。

这就是将虚拟网络与现实社会结合在一起的好处，会让我们感受到与以往不同的便捷。

而且，移动技术的发展也让我们的生活重心更多地向网络倾斜，在一定程度上导致实体金融产业的后退，甚至在未来，我们可以预见更多的实体网点会不断消失，取而代之的是新的生产、销售方式，后者都与互联网紧密相连——从这个角度看，实体金融倒可以说是从未消失，只是转变成了另一种经营方式而已。

在这里我们所说的无实体化，并不是指实体经济的消失，而是指实体金融服务的消失。不管社会发展到什么阶段，实体经济最终都不会消失，在当前只是因为互联网金融的发展过于迅速，互联网经济市场在一定程度上挤压了实体经济市场，再加上实体经济市场本身的不景气，导致大量的实体经济看不到出路，出现低迷的情况。但是实际上，不管是选择在线下销售自己的产品，还是搬运到线上销售，实体经济本身都是一直存在的，产品从生产到发到顾客手中，每一个环节都是实体经济的重要流程，所以说即便将来人们选择将门店全部开在互联网上，实体经济也依旧存在，它是一个社会运转的基础，是人类生存的基础，是不可能被抛弃的。

但是互联网金融服务则不同，在很多情况下，有些互联网金融服务可以完全搬迁到互联网上。减少或取消线下网点的服务内容，本质上并不影响金融活动。

举个简单的例子，在 20 世纪 80 年代，我们要选择将钱存在储蓄卡里，就必须拿着现金前往银行柜台去办理业务。在这个过程中，可能需要耗费很长一段时间排队，还需要有银行柜台的服务人员手动将钱清点入库，不仅耗费客户的时间，对银行的工作人员来说效率也不会特别高。

后来 ATM 机自助存取款业务应运而生了。人们可以通过 ATM 机自助办理存款或取款的业务，省去了在柜台前排队的时间，也解放了大量的服务人员，提高了银行整体的工作效率。但是 ATM 机的存取款业务依旧有一定的缺点，比如我们一定要带着特定的银行卡，才能够完成存取款的目的。

而现在移动支付的不断发展，互联网金融的快速演变，让人们可以在不使用银行卡的情况下，仅仅使用自己的银行账户和手机软件，就达到存取现金的目的。这个转变，不仅解放了服务人员，连银行的存储证明——银行卡都虚拟化了，搬到了手机上。

你会发现，越来越多的流程被简化了，在互联网金融大行其道的现在，很多不必要的线下活动都被搬迁到了线上，让我们的生活变得更加简单，让金融活动也变得更加便捷。

从社会生活的角度上讲，这当然是一种积极的信号，以前不管是交水费电费还是有线电视费，都需要去专门的供应商那里进行缴费。如果住的地方比较远，交通不便，耗费的时间成本都算在内的话，实在是一个非常浪费资源浪费时间的事情。但是现在，互联网金融极度发达，网上支付平台变得越来越全面化，政府和大商家进行的合作，让我们可以更加便捷地迈入信息生活的阶段，直接在支付平台上，就可以完成缴费过程。这是否意味着，线下的服务网点将会逐渐消退呢？

目前，当互联网金融的普及率还不够高的时候，还不能达到全民在线支付，所以线下网点依旧还要存在。但是我们不能确定，伴随着社会的逐渐发展，伴随着互联网金融的快速普及，未来是不是有可能出现无实体化的状况，我们将拭目以待。

刘吉部长向赵春林颁发"中国长城创新人物"证书

互联网经济，消除暴力定价

在互联网经济体系下，我们都在不断地共享。金融领域之所以能够获得更多的信息，避免因为信息不对称的情况而造成金融风险，就是因为太多人共享了碎片化信息，最终清晰地描绘出了市场的情况。

而我们在共享信息的过程中，也获得了大量回报，其中最简单、直接的就是——在购物中获取更低廉的商品价格，在投资中得到了最大化的收入。

可以说，互联网经济的一个重要表现，就是流通的商品和普通投资不再与"暴力定价、随意定价"相联系，而是趋于稳定化、理智化、微利化。

在传统的金融经济模式下，不管是商人还是金融中介，都可以在很多产业上牟取暴利，从中累积大量资本。举个有趣的例子，"钻石恒久远，一颗永流传"，钻石商人的一句经典广告词，让这种闪亮的石头就变得比黄金还要昂贵。然而在一开始，它根本没有什么价值，只是一种特殊的、坚硬的、相对来说比较稀少的矿石而已。这样的矿石在全世界还有无数种，却只有一种成为稀世珍宝，只是因为钻石的销售者拥有垄断地位，所以可以通过各种手段抬高售价，让它变得昂贵。因此，垄断商因为缺乏竞争，最容易出现暴力定价的情况。

而其他企业也或多或少存在这种问题。对于金融业来讲，这种垄断后的暴力定价情况更是非常严重。在过去，人们的金融投资活动是十分单调的，如果为了规避风险，大部分人都会选择银行储蓄。但是不管是活期储蓄还是定期储蓄，能够得到的利息回报都是非常微薄的。

至少跟现在市场上的大量理财产品，如余额宝、百度理财等相比，这个利润实在是少得可怜。

这就是市场在缺乏竞争的情况下，出现的随意定价情况。根据马克思主义政治经济学的原理，价格在围绕价值上下波动，但当平均利润率开始形成时，价格就变成围绕生产价格波动了。

生产价格是资本的产物，互联网经济的真理，其实就是在拉低生产价格，让它趋于一个较低水平。在垄断的行业里，由于同类企业极其稀少，所以平均利润率就是靠垄断商自己定义，自然导致生产价格极高；但互联网普及之后则不同，市场变得前所未有的广大，全国乃至全球的同类生产商都可以在一片土地上竞争，吸引同一个消费者的注意，这种激烈的竞争环境让平均利润率不断降低，此时产品的生产价格就会无限趋近于成本价格。

在这种环境下，随意定价、暴力定价都是不可能存在的。一个企业如果将产品定价极高，买家随时可以通过对比来选择互联网上更物美价廉的同类产品，所以随意定价的产品是很难卖出的。只有不断让利给买家，企业才能够顺利经营。

这就是信息共享带来的新模式。因此，在互联网经济下的市场上，最常见的就是低价模式。在国内的诸多电子商务平台中，京东就是非常典型的低价经营模式，售卖的产品价格都远低于市场价，吸引了很多买家成为京东的客户。这一经营模式必须依托互联网才能实现，买家作为消费者，在其中获得了京东出让的产品利润，而京东通过让利占据了更大的市场份额，也就是俗称的"人气"。当它能够在市场上做成大体量乃至于垄断平台时，它就拥有了自主定价的能力，也能够从上游供货商那里得到更强力的折扣，可以说是双赢的结果。

互联网时代打破了两个常识，首先是"高价才能赚钱"，事实上低价格、低毛利一样能够赚钱，哪怕完全按照成本售价来卖，也能够赚钱。虽然平台、商家让利给消费者，但他们可以获得买家、市场，而市场占有率本身就是一种潜在收益，就像"粉丝效应"一样。

其次则是"高于成本才能赚钱"，即便亏本，一样有自己的获利渠道。在打车软件进行"补贴竞争"的时候，滴滴、快的等打车软件纷纷通过大量补贴的方式来抢占市场。很长一段时间，人们都可以通过打车软件免费打车，这种情况下毛利率几乎为0，甚至是亏本的。即便如此，为了争夺潜在的用户市场，这也是值得的。

同样，在其他金融产品当中，这两个概念也是存在的。比如理财投资产品，互联网上的理财投资产品利率往往很高，甚至在某些概念上是让平台亏本经营的，但是平台依旧可以借此获得利润，就是因为通过吸引投资，平台可以获取大量的珍贵用户数据，然后进行针对性的营销和处理，给以后的金融活动奠定了基础，还提高了用户对于理财平台的黏性。还有的理财产品干脆采取了薄利多销的模式，不限制最低投资额度，给用户的利息回馈也相当高，产品本身能给理财机构带来的利润很少，但是因为拥有了巨额的资金池，总利润也就提升了。

由此可见，互联网经济体系下，传统的经济模式正在不断崩溃。我们已经不能再用传统方式诠释新的经济发展道路了。但有一点可以肯定的是，互联网经济体系一定是以共享为基础的，是拥有共享化的经济特色的模式。互相奉献、共享利益已经成为未来生产链上的新关系，而机构和企业再也不能随意控制市场上的产品售价。

互联网金融让支付清算更简单彻底

互联网金融的出现，可以说极大地优化了支付体系，对支付结算有着十分积极的影响。

当我们选择互联网金融产品的时候，不管是支付还是收款的过程都有详细的电子记录，所以就可以自动生成账单，让我们简单地查阅过去一天一周或者一个月内的收支状况。这就是一个简单而且客观，绝对不会出错的收支账单清算表，有它在，就省去了很多后续盘点计算的过程。

对于很多商家而言，销售过程可能因为成交量太高而变得非常麻烦，但是有了互联网金融的自动数据处理，一切不必要的时间浪费和有可能出现的人工计算错误都被消除了。

我曾经见过一个规模较小的超市进行盘点，他们的支付清算周期是每周一次，之所以不能做到每天盘账，是因为盘账的过程十分复杂，耗费的时间很久，浪费太多的精力。每周一次的清算，意味着要人工处理大量的数据，一旦有记模糊的情况，就容易出现实际收支和记录不相等的问题。事实上，只要在一定的范围之内，这都是正常的，对大多数商家来说都是默认的规则。而有了互联网金融体系来侧面保障支付清算的严格性，不仅收支数据不必再耗费时间去计算，而且更有参考价值，更加合理客观。

因为互联网金融天生具备的优势，它的运作成本是很低的，而且数据处理非常迅速，就可以接待更多的客户，并且在非常快的速度下完成服务。跟传统的金融模式相比，互联网金融的服务，不仅更加令

赵春林考察宁夏太沙工业园研究沙漠治理良方

人满意，而且还突破了零售支付服务的上限，可以同时接待更多的用户，不必出现等待等问题。

事实上，现在互联网应用已经很好地体现了大众化，大量的金融服务与互联网平台深入结合，相互促进，共同发展，极大地扩展了金融市场。

同时，互联网金融在支付清算上的优势，不仅加强了支付的便捷性，而且提高了网络信用。比如支付宝所创立的担保交易流程，就可以让买卖双方在淘宝等网站交易时，获得较好的担保服务。在这种情况下，就极大地促进了支付活动的数量，因为买家和卖家都有了一定的保障，所以交易起来更加没有顾虑，更容易促进他们之间的相互信任，达成成功交易。

而互联网金融在支付清算上还有一个重要的贡献，就是可以分担支付压力。云计算和大数据技术介入，在互联网金融平台上，让支付清算可以完全自动化，不必浪费人力物力，同时利用互联网的安全技术进行保障，就可以建立一个非常快速便捷安全的支付平台，不仅减轻了现存的金融机构，如银行等的支付压力，也分担了一定的支付风险。

除此之外，互联网金融在支付结算方面带来的大量创新，也是它在支付清算上的重要贡献。因为互联网金融在处理业务上的高效率，极为受到中小买家或卖家的青睐，所以集成了大规模的用户与资金。通过提供更多的投资选项，以强大的大数据分析能力作为平台支撑，互联网金融，在支付结算方面还能够贡献出更大的力量。

后记

互联网金融必将从根本上改变金融产业

对互联网金融了解越多，我对互联网金融的期待就越高，可以说，这个全新的有颠覆性创新的产品，在未来一定会彻底地改变金融行业。

首先，金融业传统的信息不对称问题已经在互联网金融的介入下得到了改变。只要有足够的时间，金融机构甚至能够被互联网金融所完全取代。如果说连金融机构都因为互联网金融的蓬勃发展而无奈退出历史舞台，你还能说这不是一次巨大的彻底的改变吗？

信息透明化只是互联网金融带来的好处之一，在互联网金融的结构里，成本组成得到了根本上的改变。这在一定程度上降低了金融交易的成本，解决了困扰人们多年的边际成本问题，让互联网金融可以，服务于更多的用户。

同时互联网金融的分支当中有许多的新产物，都在改变人们的生活习惯，这也是互联网对金融业的一种颠覆，当人们的支付理财投资习惯都一一改变的时候，整个金融市场也就迎来天翻地覆的变化了。

就像我在本文当中所介绍的，以支付宝和腾讯支付为代表的第三方支付平台，现在正在改变着人们的支付方式，无现金化社会已经离我们越来越近。顾客可以通过手机接入的方式实现快捷支付，这导致传统的支付模式被快速替代，纸币，甚至开始渐渐从我们的生活当中消失。而在第三方支付快速发展的过程中，就连银行的支付结算业务都因此受到了巨大冲击，可见它对金融产业的影响。

同时，网络借贷模式开始从野蛮生长走向了成熟，开始在完备的市场监管模式下运行。这对小型微型企业来说，是一次难得的福利，在过去，他们很难从银行申请到贷款，而现在无须抵押就可以方便地从各大平台上实现借贷，是一次非常便利的服务。这种服务跟银行相比，门槛低、流程简单，成为大多数小微型企业主首要的选择，这也是对传统金融市场的一次改变。

另外，我在本文当中大幅介绍的P2P信贷模式，也成了拥有小额存款的用户，最好的资金匹配之地。这种人与人之间直接对接的存贷款匹配模式，甚至可以成为未来互联网上金融脱媒化的融资雏形。只要监管到位，未来的发展空间依旧十分广阔。

这些着眼于支付和小额存贷的业务，看似无法动摇传统金融行业的根本，却有一个非常重要的信息，那就是处理这些业务，给互联网金融行业累积了大量的用户信息，带来了极其强大的用户市场。这个隐形的市场是非常强悍的，只要互联网金融行业能够吸引他们，使他们成为长期的忠诚用户，就相当于将传统金融的一大半市场都瓜分掉了。

而互联网金融的出现，不仅打击了原有的传统金融产业，也在引导着它们逐渐往积极的方向转变。现在，因为互联网金融的刺激，传统金融市场也产生了巨大的变化，在提升用户服务质量、加强信息透明化建设、降低金融交易成本等方面都有显著的进步。更重要的是，传统金融市场也开始重视大数据、云计算等新技术，对这些互联网技术加以研究并应用，力求将互联网与金融完美深度融合在一起，以完成一个符合时代需求的蜕变，同时搭上互联网金融的这班列车。

而这，就是根本上改变了金融产业的体现。